Livraison N° 1 Prix : 50 centimes

ENCYCLOPÉDIE THÉORIQUE ET PRATIQUE

DES

CONNAISSANCES CIVILES ET MILITAIRES

(Publiée sous le Patronage de la Réunion des Officiers)

CAUSERIE

A PROPOS

DU DESSIN MILITAIRE

TEXTE ET DESSINS

PAR

A. QUESNAY DE BEAUREPAIRE

OFFICIER DE LA LÉGION D'HONNEUR, ANCIEN CAPITAINE
EX-PROFESSEUR AUXILIAIRE DE TOPOGRAPHIE A L'ÉCOLE SUPÉRIEURE DE GUERRE
MAITRE DE DESSIN A L'ÉCOLE POLYTECHNIQUE

PARIS
GEORGES FANCHON, ÉDITEUR
25, RUE DE GRENELLE, 25

(Livre V de la partie militaire de l'Encyclopédie des Connaissances Civiles et Militai...)

Par une réunion d'Officiers d'Artillerie et du Génie

PROGRAMME SOMMAIRE

PREMIÈRE PARTIE

MATÉRIEL

Chapitre Premier. — *Généralités.*
Chapitre II. — *Nomenclature des bouches à feu.*
Chapitre III. — *Espèces de bouches à feu en service en France.*
Chapitre IV. — *Affûts.*
Chapitre V. — *Matériel de campagne.*
Chapitre VI. — *Affûts de siège.*
Chapitre VII. — *Matériel de place.*
Chapitre VIII. — *Matériel de côte et de marine.* — Tableau résumant les données sur le matériel.

DEUXIÈME PARTIE

BALISTIQUE

Chapitre Premier. — *Balistique intérieure.*
Chapitre II. — *Balistique extérieure.*

TROISIÈME PARTIE

BOUCHES A FEU

Chapitre Premier. — *Généralités.*
Chapitre II. — *Organisation de l'âme des bouches à feu.*
Chapitre III. — *Étude des métaux à canon.*
Chapitre IV. — *Du calibre des bouches à feu.*
Chapitre V. — *Du chargement par la culasse.* — Fermeture à coin. — Fermeture à vis. — Fermeture à piston.
Chapitre VI. — *Des obturateurs.*
Chapitre VII. — *Caractères distinctifs des divers modèles de bouches à feu.*
Chapitre VIII. — *Les mitrailleuses.* — Canon à balles. — Mitrailleuses Gattling, d'Albertini, Gardnes, Nordenfelt. — Canon-revolver Hotchkiss. — Rôle tactique des mitrailleuses.
Chapitre IX. — *Coulage des bouches à feu.*
Chapitre X. — *Usinage des bouches à feu.* Cintrage, forage et alésage.

QUATRIÈME PARTIE

POUDRES DE GUERRE

Chapitre Premier. — *Propriétés de la poudre.*
Chapitre II. — *Matières premières employées dans la fabrication de la poudre.*
Chapitre III. — *Fabrication de la poudre.*
Chapitre IV. — *Substances explosives.*

CINQUIÈME PARTIE

PROJECTILES

Chapitre Premier. — *Généralités.*
Chapitre II. — *Les fusées.* — Fusées percutantes, fusantes, mixtes ou à double effet.
Chapitre III. — *Fabrication des projectiles.*

SIXIÈME PARTIE

TIR ET POINTAGE

Chapitre Premier. — *Généralités.*
Chapitre II. — *Pointage* : 1° au moyen de la hausse. — 2° Sans emploi de la hausse. — Pointage sur un but artificiel.
Chapitre III. — *Réglage du tir.*
Chapitre IV. — *Évaluation des distances.*

SEPTIÈME PARTIE

TRACÉ ET CONSTRUCTION DES BATTERIES

Chapitre Premier. — *Généralités.*
Chapitre II. — *Matériaux de construction.*
Chapitre III. — *Profil des batteries.*
Chapitre IV. — *Tracé et emplacement des batteries.*
Chapitre V. — *Organisation intérieure des batteries.* — Embrasures. — Plates-formes. — Magasins et abris. — Revêtement des talus.
Chapitre VI. — *Construction des batteries.*

HUITIÈME PARTIE

SERVICE DE L'ARTILLERIE

Chapitre Premier. — *Service à l'intérieur.*
Chapitre II. — *Service en campagne.*
Chapitre III. — *Service dans un siège.*
Chapitre IV. — *Service dans une place forte.*

NEUVIÈME PARTIE

ARMES PORTATIVES

Chapitre Premier. — *Armes portatives.*
Chapitre II. — *Historique.*
Chapitre III. — *Conditions pour une arme à feu portative.*
Chapitre IV. — *Éléments d'une arme à feu portative.* — Le canon. — Mécanismes.
Chapitre V. — *Armement en France.* — Fusil modèle 1866. — Fusil modèle 1874. — Carabine de cavalerie, modèle 1874. — Mousquetons d'artillerie, modèle 1874. — Fusil modèle 1866-1874. — Fusil Kropatschek à répétition. — Revolver modèle 1873.
Chapitre VI. — *Armement des principales nations européennes.* — Allemagne. — Angleterre. — Autriche. — Belgique. — Danemarck. — Espagne. — Grèce. — Hollande. — Italie. — Roumanie. — Russie. — Suisse. — Suède et Norvège.
Chapitre VII. — *Armes à répétitions.* — Divers modes de répétition. — Systèmes Spitsky, Spencer, Hotchkiss, Chaffée-Reed, Henry-Winchester, Kray, Mauser, Kropatschek, Gasser. — Magasins mobiles ou chargeurs. — Cartouchière de la « Providence Tool Company ». — Chargeurs Pormer, Krinka. — Boîte-chargeur Vetterli. — Système Lœve, Lée, Pobbéry. — Chargeur de Puteaux. — Fusil Vetterli-Gras. — Chargeur Werndl. — Transformation Bertoldi. — Fusil Jarmann. — Expériences faites en Allemagne, en Angleterre, en Autriche, en Belgique, en Espagne, en Italie, en Russie (syst. Schulhof), en Suède, en Danemark et en Turquie.
Chapitre VIII. — *Fabrication des armes à feu portatives.*

DIXIÈME PARTIE

ARTILLERIES ÉTRANGÈRES

Allemagne. — Autriche. — Angleterre. — Belgique. — Danemarck. — Espagne. — Hollande. — Italie. — Portugal. — Roumanie. — Russie. — Serbie. — Suède. — Norvège. — Suisse. — Turquie. — États-Unis. — Canon multicharge. — Tableau comparatif des diverses artilleries européennes.

SUPPLÉMENT

Matériel d'artillerie. — Bouches à feu. — Poudres de guerre. — Projectiles. — Tir des bouches à feu. — Tracé et construction de batteries. — Services de l'artillerie. — Armes portatives. — Artilleries étrangères. — Grand canon de Bange. — Canon de débarquement. Appareils servant au lancement des projectiles à dynamite.

Ouvrage récemment terminé et broché, contenant 40 livraisons avec 643 figures dans le texte. **Prix : 20 fr.**

SCIENCES APPLIQUÉES A L'ART MILITAIRE

(Livre VI de la partie militaire de l'Encyclopédie des Connaissances Civiles et Militaires)

Par une réunion d'Officiers d'Artillerie et du Génie

PROGRAMME SOMMAIRE

PREMIÈRE PARTIE

CHEMINS DE FER

Chapitre Premier. — *Principes de l'établissement des chemins de fer.*
Chapitre II. — *Matériel de construction des voies ferrées.*
Chapitre III. — *La voie.*
Chapitre IV. — *Accessoires de la voie.*
Chapitre V. — *Le matériel roulant.*
Chapitre VI. — *Construction des voies ferrées.*
Chapitre VII. — *Exploitation.*
Chapitre VIII. — *Utilisation militaire des chemins de fer.*
Chapitre IX. — *Destruction des voies ferrées.*
Chapitre X. — *Rétablissement des voies ferrées.*
Chapitre XI. — *Trains blindés pour les reconnaissances militaires.*
Chapitre XII. — *Les locomotives routières.*

DEUXIÈME PARTIE

TÉLÉGRAPHIE

Chapitre Premier. — *Principes de la télégraphie électrique.*
Chapitre II. — *Matériel de la télégraphie électrique.*
Chapitre III. — *Personnel de la télégraphie militaire.*
Chapitre IV. — *Organisation des postes télégraphiques.*
Chapitre V. — *Construction des lignes militaires.*
Chapitre VI. — *Destruction et réparation des lignes télégraphiques.*
Chapitre VII. — *Principes de la télégraphie optique.*
Chapitre VIII. — *Matériel de la télégraphie optique.*
Chapitre IX. — *Télégraphie par signaux isolés.*
Chapitre X. — *Téléphonie.*
Chapitre XI. — *Emploi de la télégraphie militaire dans les guerres les plus récentes.*
Chapitre XII. — *Organisation de la télégraphie militaire dans les armées étrangères.* — Allemagne. — Autriche-Hongrie. — Angleterre. — Italie. — Russie.

TROISIÈME PARTIE

LES PIGEONS VOYAGEURS

Chapitre Premier. — *Propriétés et aptitudes spéciales.*
Chapitre II. — *Coup d'œil historique et faits d'observation.*
Chapitre III. — *Éducation des pigeons.*
Chapitre IV. — Races et reproductions.
Chapitre V. — *Organisation au point de vue militaire.* — Nourriture et soins.
Chapitre VI — *Situation dans les principaux États.*

QUATRIÈME PARTIE

AÉROSTATION MILITAIRE

Chapitre Premier. — Notions générales.
Chapitre II. — *Historique.*
Chapitre III. — *Ascensions scientifiques.*
Chapitre IV. — *Direction des ballons.*
Chapitre V. — *Historique de l'aérostation militaire.*
Chapitre VI. — *État de la question dans les diverses armées.* — France. — Allemagne. — Angleterre. — Autriche-Hongrie. — Belgique. — Italie. — Russie. — Chine.
Chapitre VII. — *Photographie et tir en ballon.*
Chapitre VIII. — *Rôle des ballons à la guerre.*
Chapitre IX. — *Conditions à remplir par les ballons militaires.*
Chapitre X. — *Principes de construction des ballons.*

CINQUIÈME PARTIE

PONTS MILITAIRES

Chapitre Premier. — *Généralités sur les passages des rivières.*
Chapitre II. — *Matériel.*
Chapitre III. — *Conditions à remplir par les ponts militaires.*
Chapitre IV. — *Ponts de bateaux.*
Chapitre V. — *Ponts de radeaux.*
Chapitre VI. — *Ponts de chevalets à quatre pieds.*
Chapitre VII. — *Ponts de chevalets à deux pieds.*
Chapitre VIII. — *Ponts de voitures et ponts de gabions.*
Chapitre IX. — *Ponts de pilotis.*
Chapitre X. — *Ponts sans supports intermédiaires.*
Chapitre XII. — *Passerelles.*
Chapitre XIII. — *Moyens accessoires de franchir les cours d'eau.*
Chapitre XIV. — *Conservation des ponts militaires.*
Chapitre XV. — *Destruction des ponts.*
Chapitre XVI. — *Réparation des ponts.*

SIXIÈME PARTIE

ROUTES MILITAIRES

Chapitre Premier. — *Principes généraux et opérations préliminaires.*
Chapitre II. — *Construction des routes militaires.*
Chapitre III. — *Destruction des routes militaires.*
Chapitre IV. — *Réparation des routes militaires.*

Ouvrage récemment terminé et broché, contenant 40 livraisons 672 figures dans le texte. **Prix : 20 fr.**

CAUSERIE
A PROPOS
DU DESSIN MILITAIRE

ENCYCLOPÉDIE THÉORIQUE ET PRATIQUE

DES

CONNAISSANCES CIVILES ET MILITAIRES

(Publiée sous le Patronage de la Réunion des Officiers)

CAUSERIE

A PROPOS

DU DESSIN MILITAIRE

TEXTE ET DESSINS

PAR

A. QUESNAY DE BEAUREPAIRE

OFFICIER DE LA LÉGION D'HONNEUR, ANCIEN CAPITAINE
EX-PROFESSEUR AUXILIAIRE DE TOPOGRAPHIE A L'ÉCOLE SUPÉRIEURE DE GUERRE
MAITRE DE DESSIN A L'ÉCOLE POLYTECHNIQUE

PARIS
GEORGES FANCHON, ÉDITEUR
25, RUE DE GRENELLE, 25

DU DESSIN MILITAIRE

PRÉFACE

En lisant le remarquable ouvrage sur le service des avant-postes publié en 1828 par le général de Brack, beaucoup d'officiers ont été frappés comme moi de trouver à la première page les appréciations suivantes : il « est aussi indispensable pour un officier de « savoir dessiner que de savoir écrire ; en « effet, souvent avec deux lignes il dit « plus et mieux qu'avec deux pages écrites, « que quelques traits de crayon se font « plus vite et plus facilement que ne se com« pose un rapport, et qu'ils assurent et clas« sent bien mieux les détails de ce rapport « que ne le font les souvenirs que l'on con« serve d'une longue reconnaissance. Le « dessin offre un immense avantage à la « guerre ; c'est d'habituer à regarder et à « bien voir, à apprécier les distances et la « nature des terrains, à rendre présent ce « qu'on a vu, et surtout à juger de la possi« bilité de la vitesse et de l'à propos des « entreprises. »

Appelé quelques années plus tard au commandement de l'École de cavalerie à Saumur, le général de Brack introduisit l'enseignement du dessin dans le programme des officiers élèves et la direction de ce cours fut confiée à un artiste de grande valeur, le peintre Aubry, qui fut le collaborateur de Joachim Ambert dans le chef-d'œuvre qui s'appelle l'*Armée Française*. Le grand talent de l'artiste et ses remarquables travaux dans le genre militaire ont pu entraîner beaucoup d'officiers vers l'étude des beaux-arts, mais il est probable que les adeptes de son enseignement étaient exclusivement recrutés parmi ceux qui se sentaient des dispositions innées.

C'était, en effet, l'époque où les travaux de ce genre étaient réputés du domaine des aptitudes spéciales ; les officiers les abandonnaient volontiers à leurs camarades du corps royal d'état-major dont ils leur semblaient être l'apanage.

Les idées du général de Brack étaient certainement très différentes quand il disait « qu'il est aussi indispensable pour un officier de savoir dessiner que de savoir écrire », et son intention s'affirmait nettement de généraliser la science du dessin par l'introduction d'un cours de ce genre dans l'école de cavalerie. Cet officier général qui avait fait la guerre connaissait l'importance des services que sont appelés à rendre les officiers de cavalerie envoyés en éclaireurs, quand leur savoir militaire est doublé de la faculté de fixer leurs souvenirs. Il ne pensait certainement pas que tous les officiers dûssent devenir des artistes, mais il devait compter sur les efforts du plus grand nombre pour atteindre le but qu'il se proposait. Les résultats ne semblent pas avoir répondu à son attente et la durée du cours fut très éphémère.

Parmi ceux qui ont cherché la raison de l'insuccès de l'enseignement du dessin pendant une très longue période, quelques-uns la trouvent dans le courant qui entraînait alors les jeunes officiers en Afrique où la guerre se faisait d'une façon très spéciale. Les longues courses dans le désert à la recherche d'un ennemi le plus souvent insaisissable, l'improvisation forcée des plans d'attaque ou de défense ne laissant aucune part à la tactique et à la stratégie quand par hasard on le rencontrait, devaient certainement éloigner beaucoup d'officiers de tout travail sur le terrain. Le courage individuel, l'énergie physique et morale pour supporter des fatigues inouïes et affronter des dangers incessants, étaient les qualités maîtresses dont les combattants de cette époque ont laissé des souvenirs ineffaçables. Nous les avons retrouvées identiques pendant la guerre de Crimée et nous pouvons attribuer à juste titre à l'armée d'Afrique, dont la plupart de nos régiments faisaient ou avaient fait partie, la gloire que la France a conquise sur les champs de bataille de l'Alma, d'Inkermann et de Sébastopol.

Quoiqu'il en soit, l'impulsion donnée par le général de Brack pour propager l'enseignement du dessin dans l'armée n'a pas été suivie des résultats espérés et la préface de son ouvrage sur les avant-postes est seule restée comme un jalon pour l'avenir. Le cours de dessin a disparu de Saumur après quelques années d'essais, l'École d'état-major et celle de Metz sont restées les seules écoles d'application où cet enseignement fut compris dans les cours. Dans les Écoles du Gouvernement destinées à leur envoyer chaque année des officiers, les élèves ont continué à copier des estampes conformément aux théories admises sur le dessin d'Imitation.

A l'École Polytechnique le célèbre peintre Coignet a introduit un peu de dessin d'après nature, d'après les plâtres et les modèles vivants, c'est à lui qu'on doit certainement les dessinateurs habiles rencontrés à Sébastopol parmi les officiers du génie. Quant à Saint-Cyr, les officiers de ma génération peuvent déclarer avec moi qu'on copiait exclusivement quelques paysages avec le souci d'imiter la facture de l'auteur par un crayonnage habile.

Ma promotion de 1850 à 1852 n'a pas fait un seul dessin d'après nature, pas même pendant la période des travaux topographiques sur le terrain. Les jeunes gens de cette pépinière d'officiers de toutes armes étaient donc bien mal préparés pour réaliser le programme exprimé par le général de Brack ; cependant, ceux-ci étaient destinés pour la plupart à occuper prochainement des avant-postes où ils auraient l'occasion de rendre les grands services si bien définis par l'auteur de la brochure.

Les officiers d'infanterie, surtout, allaient être appelés à seconder les officiers des armes spéciales dans les reconnaissances du terrain et le tracé des cheminements sur une ville assiégée ; devant Sébastopol, en effet, leur place était toujours sur les points particulièrement menacés où les officiers d'état-major et du génie étaient appelés pour leur service spécial. La mort devait y faucher les uns et les autres indistinctement, et il était indispensable de trouver parmi les survivants des auxiliaires pour remplacer ceux que les balles avaient frappés. Les statistiques de ce siège mémorable ont démontré que les officiers du génie sont tombés en grand nombre pendant leur périlleux service, le plus souvent le crayon à la main, et que les officiers d'état-major ont largement payé leur tribut ; mais, beaucoup de ceux qui ont été blessés en accomplissant leur périlleuse mission, n'ont certainement pas oublié que des officiers d'infanterie l'ont achevée. Quelques-uns parmi ces officiers dessinateurs ont été désignés pour concourir directement aux travaux assignés d'habitude aux armes spéciales ; l'École de Saint-Cyr a toujours compté des sujets doués pour le dessin et instinctivement poussés à acquérir par l'étude d'après nature la pratique d'un art peu enseigné. Malheureusement, leur nombre était insuffisant en présence des exigences si multipliées sous ce rapport pendant le siège de Sébastopol. Celles-ci confirment l'opinion que tous les officiers doivent savoir dessiner, et nous devons espérer que dans quelques années ils seront au moins très nombreux dans l'armée.

A cette époque, les régiments d'infanterie comptaient beaucoup d'officiers réalisant le beau type dont un de nos célèbres antiques, le capitaine Alfred de Vigny, fait un portrait si émotionnant dans sa jolie nouvelle intitulée *Laurette* ; celui aussi que dépeint le général Foy avec son éloquence entraînante. « Je les ai connus ces officiers d'infanterie dans les rangs de l'armée où ils resplendissaient de pureté et de gloire, vaillants comme Dunois et Lahire, sobres et durs à la fatigue parce qu'ils étaient fils du laboureur et de l'artisan, ils marchaient à pied à la tête des compagnies et couraient les premiers au combat et sur la brèche. Leur existence était tissue de privations, car l'administration ne pouvait pas toujours fournir à leurs besoins. Une mort à peu près certaine les attendait loin de la patrie et le nom de la plupart d'entre eux devait rester ignoré. Que de beaux caractères dans une classe qu'on ne louera jamais assez! » Ce sont leurs successeurs que nous, jeunes officiers des écoles, avons eu l'honneur de coudoyer dans les tranchées de Sébastopol; beaucoup de nos capitaines avaient refusé de prendre la retraite à laquelle ils avaient droit en raison de leur âge ou de leurs blessures en Afrique; ils étaient venus en Crimée sans ambitionner un grade auquel leur instruction sommaire ne leur permettait pas de préten-

Fig. 1. — Les vues perspectives. — (Voyage de l'École Supérieure de Guerre en 1890).

dre, et quant à la croix, cette récompense des braves, ils l'avaient conquise depuis longtemps à Zaatcha ou en Kabylie. Leur refus de prendre un repos si légitimement acquis par leur service et d'aller vivre dans leur village avec la modeste pension si péniblement gagnée, n'avait pour motif que le sentiment du devoir et le respectable orgueil de conquérir leur part de gloire; ceux que le feu de l'ennemi n'a pas atteint sur les gabionnades russes sont morts des fatigues et des misères trop lourdes pour les forces qui leur restaient encore, et la plupart de ces braves gens ont refusé d'être portés dans les ambulances pour s'y faire soigner. Nous saluons leur grand souvenir, et nous espérons que les descendants de ces débris de la vieille armée doublent des belles qualités de leurs pères l'instruction qu'ils ont reçue de nos jours à Saint-Cyr et à Saint-Maixent. Les officiers de l'armée actuelle ne présentent plus le type auquel nous venons de rendre hommage, l'instruction y a ouvert largement pour tous les portes de l'avenir, et j'ai trouvé des officiers de Saint-Maixent à l'École supérieure de guerre qu'on peut appeler à juste titre l'École des futurs généraux. Les officiers de toutes armes et de toute origine peuvent y venir perfectionner leur science acquise dès qu'ils sont en état d'affronter de difficiles examens. Cette grande fusion a réalisé le rêve d'un général célèbre qui fut un des plus remarquables élèves du corps royal d'état-major à son origine. Il est assez curieux de lire ce qu'écrivait le capitaine Bedeau, du corps royal d'état-major, plus de quarante ans avant la création de l'École Supérieure de guerre. — « Ne serait-il pas possible de satisfaire à toutes les exigences raisonnées, en établissant, pour remplir les vacances du corps d'état-major, *un concours annuel et public* auquel pourraient se présenter tous les capitaines d'infanterie ou de cavalerie ayant moins de trente-cinq ans, qu'ils fussent ou non sortis des écoles? Les conditions de ce concours seraient établies par un comité d'officiers généraux ou par le ministre de la guerre. On exigerait tout ce que doivent savoir aujourd'hui les candidats au corps d'état-major, et surtout une connaissance entière de chaque arme et une habitude du commandement, dont on ferait preuve sur le terrain en faisant exécuter les manœuvres de ligne à un régiment d'infanterie ou de cavalerie et à une batterie d'artillerie. On s'assurerait ainsi que les prétendants sont susceptibles d'être officiers d'état-major et officiers de troupe, et, pour mieux se convaincre encore de leur capacité, on donnerait à traiter séance tenante et par écrit une question militaire relative aux diverses exigences en cas de guerre. Tout capitaine ayant satisfait aux conditions du concours serait capitaine d'état-major. Une partie de ces officiers resterait dans les corps, et l'autre serait détachée auprès du généraux dans les divisions militaires et aux travaux topographiques. On ne pourrait être plus de quatre ans hors des rangs, afin qu'à tour de rôle tous les capitaines eussent été en contact avec le soldat et avec les généraux. Hommes tout à fait à part, les capitaines d'état-major devraient nécessairement obtenir la place d'officiers supérieurs. A eux appartiendrait dans la suite le commandement de nos régiments et de nos armées. Toutes les facilités et garanties désirables seraient donc offertes au travail et à l'intelligence, et je ne sache pas qu'on put alors être en droit de réclamer contre les avancements réservés aux officiers qui auraient établi leur supériorité. »

L'École supérieure de guerre a été créée, conformément aux idées émises par le général Bedeau, mais avec cette différence considérable qu'elle comporte le concours des officiers de l'artillerie et du génie. Cette fusion de toutes les armes ardemment souhaitée ne pouvait être prévue à une époque où les officiers du génie et de l'artillerie, confondus dans une origine commune, constituaient eux-mêmes un état-major absolument fermé. Il n'est, bien entendu, question que des officiers issus de l'École Polytechnique et instruits en commun à l'École d'application de Metz, car les officiers ne sortant pas des écoles ne pouvaient, dans aucun cas, faire partie des états-majors de ces armes. — L'École d'application du corps royal d'état-major fondée en 1818, un an après celle de de l'École Saint-Cyr, réservait un certain nombre de places aux élèves de l'École Polytechnique. Mais son recrutement provenait presqu'exclusivement de Saint-Cyr et malgré les prédictions de certains officiers inquiets à tort, l'état-major de l'armée n'était pas devenu le domaine du génie militaire (1). Aujourd'hui l'artillerie et le génie, quoiqu'ayant conservé leurs états-majors particuliers, envoient des officiers dans l'état-major de l'armée au même titre que leurs camarades des autres armes.

L'union est complète, et l'École de guerre forme un faisceau compact de tous les offi-

(1) Général Ambert.

ciers d'élite qui constitue la base de la forteresse chargée de protéger les frontières de la France. J'ai eu l'honneur d'accompagner sur le terrain aux environs de Paris et pendant leurs voyages d'instruction les officiers de l'Ecole supérieure de guerre, à titre de professeur auxiliaire de topographie. J'étais chargé de leur parler du dessin militaire et de leur faire exécuter des vues perspectives et des panoramas (*fig.* 1). Mon

Fig. 2. — En station.

expérience de l'enseignement à l'École Polytechnique où je compte depuis plus de vingt années m'a amené à dessiner le plus souvent devant eux en expliquant à haute voix mes moyens de repérer pour les dimensions et en appelant leur attention sur l'intérêt militaire qu'offraient ou non les objets et les accidents de terrain à représenter. Je me suis toujours appliqué à simplifier le plus possible les moyens d'exécution afin de résoudre le double problème de clarté et de précision, en même temps que de rapidité dans l'exécution. Je considère que la mission d'un professeur en pareil cas est de convaincre tous les officiers, par la simplicité des moyens, que l'exécution du panorama le plus étendu et le plus compliqué est toujours possible pour ceux qui sont le moins exercés et se croient peu doués pour ce genre de travail.

Parmi les officiers supérieurs accompagnant les officiers de l'École de guerre, beaucoup donnaient l'exemple du travail en exécutant eux-mêmes des vues perspectives. Ils avaient aussi pour but de démontrer aux élèves quelle importance ils attachent au dessin militaire (*fig.* 2). Le colonel dont je donne ici un croquis était le plus souvent au milieu des dessinateurs qui admiraient à juste titre les dessins qu'il exécutait avec la précision et la facilité qui constituent le problème difficile de ce genre de travail. — Cet officier appartenant à l'arme du génie se rappelait certainement que ses devanciers dans la carrière ont en grand nombre contribué à établir les cartes qui faisaient absolument défaut devant Sébastopol.

Le dessin militaire n'a aucun besoin d'être artistique pour rendre les plus grands services, ce qui n'implique pas le conseil de limiter au stricte nécessaire le développement de ce genre d'études. Les exigences qui s'imposent d'exercer l'œil à une précision méthodique des rapports de dimensions et aux règles de la perspective, feront naître naturellement le goût du dessin chez ceux qui ne s'en croyaient aucun, et développeront les sentiments artistiques des privilégiés qui les possèdent. Ces derniers éprouveront le besoin de crayonner en dehors de leur service, et comprendront vite toute la joie qu'ils auront plus tard à trouver dans leurs cartons des croquis recueillis pendant leurs voyages ou leurs campagnes. — Dans ce cas encore, quelques coups de crayon leur serviront plus pour remémorer les phases de leur vie que ne pourraient le faire de longues pages de notes écrites.

Je montrais à ces officiers mes souvenirs dessinés de Sébastopol, d'Italie, de mes voyages militaires dont je donne quelques extraits dans mon livre, avec l'espoir de les entraîner dans l'application du dessin pour fixer leurs impressions. Les explications que je devais leur donner en présence de mes croquis faisaient naître souvent de ma part des digressions sur les pays où ils avaient été faits et sur mes campagnes. On prétend à juste titre, du reste, que les soldats ne connaissent une bataille que par le petit coin qu'ils ont vu dans la modeste sphère de leur action personnelle, et qu'ils en tirent souvent les déductions les plus fausses, mais qu'importe, nous avons tous pris plaisir à les entendre.

Mes élèves de l'École Polytechnique ont souvent sollicité de moi des histoires de ce genre, et les officiers de l'École de guerre qui savent tant de choses sur les événements militaires anciens et sur les modernes, semblaient écouter avec plaisir les récits de l'un des acteurs dans une partie restreinte des champs de bataille qu'ils ont étudiés. Mes courses à travers de vieux souvenirs me semblaient apporter chez mes élèves une détente favorable au côté technique de mon enseignement. Quelques-uns m'ont demandé pourquoi je n'écrivais pas tout ce qu'ils m'entendaient dire, au cours de nos séances, à propos du dessin militaire et des éliminations artistiques qu'il comporte pour appuyer davantage sur les nécessités de traduire les côtés intéressants au point de vue des reconnaissances.

Durant la longue période de mon enseignement à l'École Polytechnique, j'ai plusieurs fois eu à répondre à de très jeunes élèves qui me demandaient à quoi pourrait leur servir le dessin pendant le cours de leur carrière ; à ceux-ci, particulièrement, je devais citer les phrases du général de Brack et les appuyer des exemples puisés dans les guerres auxquelles j'ai pris part. Tous les camarades se groupaient pour écouter le vieux soldat ainsi que font les jeunes gens avides des récits militaires. Je suis persuadé que cette partie de la séance consacrée à faire naître chez eux la conviction d'une utilité considérée par beaucoup comme douteuse, avait été plus utilement dépensée que par la correction d'un buste trop long ou d'un bras trop court. Ces jeunes gens travaillaient certainement avec plus d'ardeur après avoir entendu de la bouche d'un

Criméen que le dessin a servi au génie pour établir des cartes indispensables devant Sébastopol, et regardaient plus volontiers mes croquis exécutés pendant la campagne. L'un deux est une vue prise du boyau lancé à l'extrémité de nos attaques de gauche (*fig.* 3). Dans le ravin profond qui nous séparait des Anglais, le service de nuit, devait être fait de concert avec eux pour fermer cette route importante à l'ennemi. Malheureusement, nos alliés d'alors, n'observant pas toujours les importantes consignes de surveillance rigoureuse, attendaient quelquefois dans des grottes l'heure d'aller se faire tuer bravement en cas de sortie de la garnison. L'histoire du siège a enregistré quelques faits de ce genre ayant occasionné de grands malheurs. La surprise du 2e Zouaves, le 23 mars, est l'un des plus importants, car un bataillon fut anéanti par suite d'un mouvement tournant des Russes par des tranchées anglaises. Nos soldats ne se souciaient guère de partager un service d'avant-postes avec de braves alliés aussi peu soucieux de la vie des autres que de la leur. — Dans ce poste il nous a

Fig. 3. — Sébastopol avant l'assaut (1855). — *a*, direction du boyau lancé. — *b*, bastion du Mât. — *c*, route du ravin des Anglais. — *d*, avant-postes français. — *e*, le cimetière tartare. — *f*, Sébastopol. — *g*, la rade. — *h*, batteries russes du fond du port. — *i*. grottes du ravin des Anglais. — *j*, faubourg de Karabelnaïa. — *k*, batterie anglaise.

été donné de jouir d'un spectacle inoubliable, celui de l'incendie d'un navire pendant une nuit très claire ; les flammes illuminaient la ville et les bastions tandis qu'elles se projetaient comme des gerbes de feu dans les eaux de la rade ; pendant ce temps les Anglais, poussant des hourras joyeux, criblaient de bombes et de fusées le bâtiment qu'ils avaient incendié.

De même j'appelais plus facilement l'attention des officiers de l'École de guerre sur les différents accidents que nous aurons à traduire sur le terrain, après leur avoir cité quelques exemples des conséquences heureuses ou funestes qu'ils avaient amenées pendant mes campagnes. En leur parlant des obstacles naturels accumulés sur les crêtes de Solférino, ou sur les versants des ravins profonds qu'on y rencontre, je pouvais mieux les convaincre de la nécessité de ne rien négliger des documents militaires dans l'exécution de leurs vues perspectives. Comme conséquence de ces renseignements ayant pour point de départ notre étude du dessin, j'étais amené à raconter aux officiers ce que j'avais vu, et à leur donner aussi mes appréciations personnelles sur des faits inédits ou quelques autres dénaturés par l'histoire. Les récits d'un soldat racontant ce qui s'est passé sous ses yeux sont toujours attachants pour la jeunesse qui ne connaît la guerre que par les livres. Les questions multipliées par mes auditeurs me prouvaient l'intérêt qu'ils prenaient à mes digressions et en provoquaient de nouvelles. C'est ainsi que mon enseignement a toujours été une *causerie* d'un vieil officier avec ses jeunes camarades de l'armée. Mon but a été de les convaincre et de les instruire en faisant tous mes efforts pour ne leur présenter que de la science facile à digérer. Ma tâche était relativement peu difficile tant qu'elle a consisté à expliquer de vive voix ce que j'exécutais moi-même, et mon langage militaire suffisait pour m'assurer le succès auprès de mes auditeurs quand je leur parlais de mes campagnes. Elle est bien plus ardue, aujourd'hui que je veux mettre en ordre sur le papier des matériaux rassemblés depuis longtemps dans mon cerveau, et les condenser dans une *causerie* écrite. J'ai été légitimement préoccupé par la difficulté de présenter à mes lecteurs un livre instructif traitant d'un sujet ingrat au moins pour quelques-uns. Les ouvrages de science sont multipliés à l'infini dans tous les genres et comportent une série de planches explicatives chargées de lettres et et de figures géométriques que n'ont pas épargnées les auteurs, y compris ceux qui ont écrit sur le dessin.

Ce moyen est évidemment le plus pratique pour préciser la pensée, en même temps qu'il simplifie beaucoup les explications si difficiles à écrire. Il est même impossible de faire autrement un cours de perspective, ce qui veut dire de dessin, au moins le plus généralement.

Ce n'est pas le cas pour moi, puisque je m'adresse à des officiers et aux jeunes gens qui aspirent à prendre place parmi eux et s'y préparent dans les Écoles.

J'admets qu'ils ont tous beaucoup étudié les ouvrages de perspective dont je les crois même saturés. Je ne ferai donc qu'effleurer les sujets qui entrent dans le domaine de leurs connaissance acquises, et celles-ci étant très étendues, je ne leur présenterai guère autre chose qu'un canevas, en leur laissant le soin de le développer. L'expérience m'a démontré qu'il suffit le plus souvent d'indications sommaires pour provoquer de leur part des déductions dont leur intelligence est coutumière. Il faut se garder avec eux des détails fastidieux dans des explications de longue haleine, et il n'est pas nécessaire de tout leur dire car leur esprit est prompt à devancer la pensée. Le gros problème est de chercher le moyen de ne pas les ennuyer par trop et la solution sera tout à faire juste pour celui qui sera parvenu à les intéresser assez pour tenir leur esprit en éveil. Dans ce cas, ces jeunes savants liront jusqu'au bout un livre pour compléter et approfondir ce que l'auteur n'a fait qu'indiquer. Encore faut-il les amener à l'ouvrir, en le présentant d'une façon assez attrayante pour faire naître chez eux le désir de le feuilleter.

Le célèbre auteur de la *Physiologie du goût*, qui a trouvé le moyen d'intéresser tout le monde en parlant de cuisine, affirme que la sauce « fait toujours passer le poisson ; la difficulté est de savoir avec quels épices on doit la préparer. » Brillat-Savarin a osé écrire un livre sur cette science et le succès a dépassé de beaucoup ses espérances, bien faibles probablement, puisque le magistrat avait cru devoir garder l'anonyme, dans cette publication qui lui a ouvert les portes de l'Académie.

Il nous dit, dans la préface modeste de la *Physiologie du goût*, qu'afin de présenter à ses lecteurs une science facile à digérer il a semé son ouvrage d'anecdotes dont quelques-unes lui sont personnelles ; — c'est le seul côté qu'il me soit possible d'imiter dans le programme de ce littérateur distingué qui semble ne pas s'être douté de son remarquable talent, tant il en tient peu compte. La qualité inabordable pour moi de ses anecdotes sera remplacée dans mon livre par une quantité de récits militaires et de souvenirs intimes écrits par un soldat, n'ayant aucune prétention au style élégant pas plus qu'au langage académique. — Les Panoramas et les nombreux croquis répandus dans le texte plairont mieux peut-être à mes lecteurs, en raison de leur sincérité que des dessins élaborés avec le plus grand soin.

Ils leur représenteront dans les Vosges

des sites qu'ils connaissent peut-être déjà ou qu'ils sont appelés à connaître. Quelques-uns les conduiront sur ce versant oriental que j'explorais en 1869 alors que j'étais en garnison à Neu-Brisach ; je montrerai aux officiers la vallée de Munster, les champs de bataille de Turenne où ils sont peut-être appelés à reconquérir l'Alsace. Nous parlerons des cols de la Schlucht, du Bonhomme du défilé de Sainte-Marie-aux-Mines devenus aujourd'hui les points de concentration vers lesquels convergent les chemins de fer allemands sur ce versant oriental des Vosges où chaque entrée en France est jalonnée par un débarcadère important. Je les conduirai avec mes dessins en Crimée où j'ai débuté dans la carrière des armes. Je leur montrerai mes croquis de Sébastopol encore tout empreints pour moi des odeurs salines de la mer Noire quand j'ouvre mes cartons de jeunesse ; la vallée de Baidar et les hauteurs du Belbeck, ce paradis terrestre dont nos combattants du vieux siège ne peuvent se souvenir sans une délicieuse émotion. Ailleurs nous parlerons de la campagne d'Italie en 1859, cette étourdissante promenade de trois mois qui a conduit nos armées victorieuses depuis Suze et Gênes jusqu'aux portes de Vérone et de Mantoue. Nous étudierons le

Fig. 4. — Campagne d'Italie. — Passage du Mincio à Motzambano (1859).

panorama de Solférino, nous traverserons le Mincio à Motzambano pour aller camper avec Mac-Mahon à Santa-Lucia (*fig.* 4).

Le maréchal de Mac-Mahon franchit le Mincio le 27 juin pour aller camper à Santa-Lucia. Le soir de ce même jour, un officier autrichien se présentait en parlementaire à la porte de l'église où l'état-major du 2e corps avait établi son quartier général ; il apportait au maréchal une lettre de son cousin le commandant de la Rochefoucault, fait prisonnier à la bataille de Solférino au milieu d'un carré autrichien enfoncé par les survivants de son escadron.

L'officier autrichien avait traversé, nous dit-il, nos avant-postes sans avoir été arrêté malgré les sons de la trompette et le pavillon blanc de son escorte. Il raconta ce fait avec une certaine tendance au persiflage sur la façon dont nous nous gardions. L'officier à qui il s'adressait lui répondit avec grande courtoisie mais en concluant que notre manière d'agir nous avait assez bien réussi jusqu'à ce jour, et d'énergiques poignées de main furent échangées de part et d'autre sur ce mot de la fin.

Enfin je raconterai quelques-unes de mes excursions avec les officiers de l'École de guerre si patriotes et si instruits, dont la confiance dans l'avenir a versé un baume salutaire sur les cicatrices toujours ouvertes de mon cœur de soldat. Les officiers de ma génération ont trop souffert pour oublier le passé en fixant les yeux sur l'avenir, mais ils peuvent se consoler quand ils voient entre quelles mains repose la préoccupante destinée de la France.

Je me suis étendu avec plaisir sur mes impressions et mes souvenirs personnels de ces voyages qui m'ont reporté si agréablement vers ma jeunesse, en m'offrant l'image de la vie de campagne chère à tous ceux qui l'ont connue. Il ne manque dans ces reconnaissances en pays ami que l'imprévu des coups de fusil des grand'gardes ennemies, les charges à fond de train sur les tirailleurs isolés, les escarmouches,... enfin les dangers grisants qui attirent les militaires et colorent leurs courses dans l'inconnu d'une poésie sauvage et électrisante. A ceux qui objecteraient

Fig. 5. — Campagne d'Italie (Juillet 1859). — Campement du corps Mac-Mahon à Santa-Lucia (quadrilatère).

que mon livre ne peut, dans le cas le plus favorable, intéresser qu'un public restreint, je répondrais que nos institutions actuelles ayant militarisé la France tout entière, notre armée compte parmi ses officiers tout les hommes destinés par leur savoir et leur intelligence à commander devant l'ennemi au même titre que ceux qui se sont voués dès leur jeunesse à la carrière des armes.

J'ai également pensé à eux en écrivant ce livre avec la conviction qu'il peut être un jalon utile pour les études militaires. L'application du dessin que j'ai vu faire et faite moi-même à la guerre peut donner à mes conseils un certain crédit. J'espère aussi que mes croquis militaires, qui sont de si précieux souvenirs pour moi, feront naître chez eux l'idée de rapporter des dessins qui leur rappelleront les pays parcourus et les épisodes intéressants de leur vie. Quelques coups de crayon remémorent bien mieux que ne pourrait le faire tout un volume écrit les événements importants ainsi que les moindres incidents qui s'y rattachent. Les croquis que je joins ici et particulièrement celui du campement des zouaves à Santa-Lucia, limite de notre marche en avant, écrivent pour moi toute la campagne d'Italie (*fig.* 5).

Après la bataille de Solférino qui avait amené l'armée française dans le quadrilatère limité par les places fortes de Feschiera, Vérone et Mantoue, le corps d'armée du prince Napoléon mit le siège devant Peschiera et les trois corps d'armée de Baraguay d'Hilliers, Niel et Mac-Mahon se portèrent en avant pour menacer Vérone. Le corps de Mac-Mahon s'établit sur les hauteurs de Santa-Lucia, d'où il fit une forte reconnaissance sur Villafranca qu'il occupa pendant quelques heures de la soirée et de la nuit. Les renseignements fournis par les espions ayant signalé des mouvements de troupes autrichiennes dans Vérone et Mantoue, à quelques kilomètres de cette station du chemin de fer reliant les deux places fortes, le maréchal crut devoir se replier pendant la nuit sur ses premières positions de Santa-Lucia où lui parvint quelques jours après la nouvelle des propositions de paix ratifiées depuis à Villafranca et qui mirent fin à la campagne rapide et si heureuse de 1859.

CHAPITRE PREMIER

DU DESSIN MILITAIRE

Du Dessin militaire. — De l'étude du Terrain. — Les vues perspectives. — Le préjugé des aptitudes spéciales. — Appréciation des cartes par Napoléon. — Les instruments photographiques ne pouvant jamais remplacer l'œil exercé d'un officier. — Abstraction des préoccupations artistiques. — L'opinion du général de Brack formulée dans son ouvrage sur le service des reconnaissances. En 1826. — Applications du dessin pendant le siège de Sébastopol et pendant la guerre de 1859 en Italie. — Un panorama exécuté sur la côte d'Essey par les officiers de l'École de guerre. — Renseignements donnés par le dessin dans le service des reconnaissances. — Méthodes exposées dans les cours de topographie. — L'enseignement à l'École Polytechnique.

Tout le monde sait avec quelle ardeur patriotique on a travaillé dans l'armée depuis la funeste guerre de 1870, et ceux qui ont eu, comme moi, la bonne fortune de connaître notre École supérieure de guerre, peuvent admettre que nous n'avons rien à envier à l'Etat-Major allemand si réputé pour son grand savoir. S'il est vrai qu'il ait joué dans la dernière guerre le rôle important que lui attribuent particulièrement les généraux ennemis, nous pourrons leur opposer à l'avenir le même élément de succès. La création d'une école de guerre ouverte à toutes les armes a excité l'émulation chez les jeunes officiers et propagé le goût de l'étude dans toute l'armée. Les officiers de réserve et de l'armée territoriale ont également à cœur de se tenir à hauteur de leurs camarades de l'armée active dont ils auront à partager les responsabilités en même temps que les dangers.

On peut donc dire que notre armée tout entière est généralement composée d'officiers travailleurs, désireux d'apprendre tout ce qui concerne leur métier. Tous savent qu'ils auront le même rôle à jouer en temps de guerre, et ont un égal intérêt à s'y préparer pendant la paix. Les manœuvres qui les réunissent dans ce but ne sont un enseignement efficace qu'à la condition d'être l'application d'études antérieures.

L'étude du terrain est certainement la plus importante de toutes celles que comporte l'instruction des officiers puisqu'elle prépare toutes les conceptions de la tactique et de la stratégie.

La lecture des cartes est aujourd'hui familière aux officiers, mais tous, quels que soient leurs grades, ont besoin de renseignements que ne comportent pas les échelles des cartes les plus parfaites. Le dessin, qui sert d'abord à établir la planimétrie, a été considéré de tout temps comme le complément indispensable des documents militaires ; il s'impose particulièrement aujourd'hui dans le service des reconnaissances que les armes à longue portée ont rendu très difficile. Il est nécessaire que les officiers puissent représenter à vue les zones que le voisinage de l'ennemi rend impénétrables à de grandes distances et qu'ils donnent une idée précise du terrain où les troupes seront engagées.

Des vues perspectives établies successivement à une grande et même échelle, orientées et numérotées convenablement, peuvent représenter de vastes champs de bataille, en même temps qu'elles donneront tous les détails du terrain pour des opérations partielles.

On peut affirmer, qu'à l'aide des méthodes actuelles de précision, tous les officiers peuvent arriver à exécuter un dessin très juste et, par conséquent, destiné à rendre d'importants services. En s'exerçant beaucoup à ce genre de travail, ils développeront chez eux le coup d'œil et l'habitude de bien voir qui constituent pour l'homme de guerre la première des qualités.

Je voudrais pouvoir convaincre tous les officiers que le dessin militaire n'implique pas des aptitudes spéciales ainsi qu'on l'a dit et écrit pendant trop longtemps ; beaucoup sont aujourd'hui certains par expérience que les dispositions artistiques et le crayonnage habile ne jouent qu'un rôle secondaire dans ce travail, je ne m'adresse donc qu'à ceux qui n'ont pas essayé en raison de leur peu de succès dans les cours de dessin de nos écoles. J'ajouterai que j'ai eu l'occasion de rencontrer dans cette catégorie des officiers beaucoup plus doués que je ne l'avais prévu pour le genre de dessin que je préconise, ceux-ci dessinaient juste à leur insu avec les yeux, sans avoir jamais cherché à traduire leurs impressions à l'aide du crayon, aussi, ont-ils réussi dès leurs premiers essais.

Ces qualités naturelles ont besoin, le plus souvent, d'être développées par la pratique du dessin quoiqu'on puisse citer quelques exceptions.

Il est connu que Napoléon était un observateur militaire assez particulièrement doué pour fixer dans son cerveau les images des terrains qu'il étudiait avec le plus grand soin. C'est ainsi qu'il complétait les cartes si insuffisantes à cette époque et qui n'étaient pour lui qu'un canevas sur lequel il traçait lui-même ses propres observations. Il y dessinait les mouvements et les accidents de terrain dont la représentation était inexacte ou mal définie, et c'est alors qu'il exposait devant son état-major le plan de ses futures opérations. Telle est l'explication de cette précision si extraordinaire, dont nous sommes tous frappés, avec laquelle il désignait sur les cartes, les points où il devait rencontrer l'ennemi, en prévoyant des éventualités que les événements accomplis ont justifiées. Malgré cette immense faculté qui aurait pu lui suffire pour ses entreprises, il s'entoura dès la campagne de 1796 d'artistes éminents qui ne le quittèrent jamais et dont il utilisait les talents pendant ses reconnaissances.

Préoccupé d'avoir toujours sous les yeux la représentation vraie du terrain qu'il avait étudié, il leur demandait des panoramas dont il se servait pour compléter ou corriger les cartes, en éliminant de cette représentation artistique, comme il l'avait fait déjà devant la nature, tout ce qui n'avait pas un intérêt militaire. — Nous pouvons donc affirmer que le grand stratégiste, faisant de l'étude des futurs champs de bataille la base des conceptions de son cerveau, était un dessinateur militaire tel que nous le comprenons. Son œil secondé par une lorgnette puissante lui servait seul pour classer dans son esprit ses observations en même temps que l'image du pays étudié. Ce ne sont donc ni les cartes ni les instruments de précision qui ont guidé son génie. Les appareils photographiques ne l'auraient pas mieux renseigné ; il ne les a pas pressentis, mais c'est lui qui a rêvé et préparé la réalisation de notre carte d'état-major dont nous sommes justement fiers. Ce chef-d'œuvre a certainement répandu en Europe une impulsion topographique qui a doté tous les pays de bonnes cartes : cependant, si parfaites qu'elles puissent être, elle ne peuvent donner tous les renseignements en raison de leur petite échelle. L'officier doit nécessairement les compléter, et j'ajouterai que dans certains cas il sera dans l'obligation d'y suppléer.

Les guerres modernes nous fournissent de fréquents exemples qui démontrent la nécessité souvent imposée aux officiers de dessiner juste, sinon artistement, puisqu'ils ont été appelés à improviser des cartes. Ces préoccupations ont engendré, malheureusement, suivant mon opinion et celle de beaucoup de militaires les recherches constantes des moyens mécaniques. J'ai souvent entendu avec regret émettre l'idée qu'à l'aide des appareils photographiques, perfectionnés presque chaque jour, les officiers arriveraient à résoudre le problème si difficile de l'étude et de la représentation du terrain qu'ils sont chargés de reconnaître. De savants et ingénieux praticiens, secondés par des militaires distingués, ont multiplié leurs efforts pour la confection d'appareils portatifs pouvant être facilement mis en place et présentant les meilleures conditions possibles de solidité.

Ceux dont on pouvait disposer en Crimée étaient loin d'avoir atteint la perfection des appareils actuels, ils n'étaient pas portatifs et les officiers qui ont exécuté des croquis de la vallée du Belbeck et des Tartares qui l'habitent (*fig.* 6) n'ont pu faire usage que de leur crayon.

Le plus parfait des instruments photographiques établis est le *Cylindrographe* qui a paru donner la solution cherchée ; il est léger et solide : toutes ses parties se replient à charnières les unes sur les autres de façon à n'occuper dans le transport qu'un très petit volume. Il a été accueilli avec assez de succès pour inspirer à

Fig. 6. — Crimée (1856). — Paysans tartares aux avant-postes dans la Vallée de Belbeck.

l'un des professeurs de topographie de nos écoles militaires les phrases suivantes :

« Les levés photographiques à l'aide du Cylindrographe présentent de grands avantages : économie de temps et de travail sur le terrain, mise en station rapide, certitude de ne rien oublier, puisque l'épreuve contient tout l'horizon visible du point de vue, vérifications nombreuses et sûres, etc... Enfin et surtout, adjonction à la carte, toujours froide et géométrique, d'une image à l'effet représentant le terrain sous son véritable aspect, dans les conditions exactes où nous le voyons dans la nature, avec la même disposition des détails, les mêmes effets d'ensemble qu'au moment des opérations. »

Tout en admirant son mécanisme si vanté, beaucoup des militaires qui ont fait la guerre admettront avec moi que cet instrument ne sera pas toujours très commode en campagne. Si portatif qu'il soit, il doit être porté ; il sera nécessaire de remettre en place et avec le plus grand soin les parties repliées avec des charnières, préparer et placer les pellicules sur bristol au gélatino-bromure qui constituent le fond de la chambre ; enfin, il faut supposer, avant tout, qu'aucun accident n'a altéré un rouage quelconque du mécanisme pendant le transport : tous ceux qui se sont occupés de Photographie connaissent les déceptions ou les pertes de temps motivées par les instruments de précision.

La mise en station ne me paraît pas moins compliquée dans les conditions de guerre que je suppose. L'officier envoyé pour reconnaître et représenter une zone qui sera le champ de bataille du lendemain et qu'occupent certainement déjà des éclaireurs ou des avant-postes ennemis devra dissimuler sa présence dans l'intérêt même de sa mission, se glisser, en profitant des abris naturels, jusqu'à un point dominant où il se cachera de son mieux.

Je ne me le représente pas apportant lui-même son instrument dans ces conditions, le règlant et le mettant en station, je cons-

Fig. 7. — En reconnaissance. — (Voyage de l'École Supérieure de Guerre en 1891).

tate aussi beaucoup de temps dépensé, et je ne veux pas énumérer les questions de mises au point de développement, etc..... dont le cylindrographe n'est pas plus exempt que tous les autres appareils photographiques. Je me figure plus volontiers l'officier libre de ses mouvements, sûr de lui-même et sans préoccupations d'un instrument qui peut lui faire défaut, blotti derrière un obstacle naturel, se hâtant, sans perdre une minute du temps souvent très court qu'il peut consacrer à son travail (*fig.* 7). S'il est exercé comme je le comprends, il aura déjà fait la plus grande partie de son dessin pendant le temps qu'il aurait dû consacrer à son appareil.

Un carnet de poche ou le porte-cartes, une boussole, quatre crayons de couleurs et beaucoup de feuilles de papier pliées de la dimension du carnet, constituent son très petit bagage, car il n'a pour instrument qu'un œil exercé à la précision et son intelligence militaire, sachant dégager de son croquis tout ce qui n'est pas utile, pour insister sur les points particulièrement intéressants. Ses dessins, exécutés sans autre préoccupation que de conserver très exactement l'échelle librement et intelligemment choisie, sont numérotés et orientés avec soin de façon à pouvoir donner de grands panoramas, et complétés par des renseignements écrits à l'aide de renvois.

Les crayons de couleur lui servent à préciser plus lisiblement et plus vite les lignes de culture, les chemins, les cours d'eau, les bois, etc. L'officier n'a pas besoin de conditions atmosphériques particulières comme le photographe ; quand le brouillard lui dissimulera les lointains, il ne perdra pas son temps en attendant qu'il se dissipe, puisqu'il pourra traduire les plans plus rapprochés qui lui fourniront des points de repère pour achever promptement son travail en profitant des éclaircies. Le dessinateur aura toujours dans sa sacoche plusieurs feuilles de papier préparées pour laisser glisser la pluie et dessinera même dans l'eau si c'est nécessaire.

Le soleil impose le plus souvent aux reproductions photographiques les objets les plus insignifiants éclairés par une lumière intense pendant que de très importants détails sont effacés dans les ombres portées ou dans les brumes des lointains.

Le dessinateur saura faire un choix intelligent dans ce fouillis de la nature et ne relater que les renseignements ayant un intérêt militaire dans les accidents du terrain qu'il représente.

L'officier modifiera les effets de lumière qui pourraient gêner la lecture de son dessin, il supprimera à son gré ou ne fera qu'indiquer par leur base des objets de premiers plans masquant des mouvements de terrain intéressants ou empêchant de voir distinctement les arbres qui, par leur plantation symétrique ou leur nature, indiquent qu'ils longent des routes importantes ou des cours d'eau. Il traduira les encaissements des chaussées en dessinant les arbres tels qu'ils se présentent et notera exactement la distance qui sépare le point de disparition des cimes de l'endroit où elles reparaissent de nouveau ; il renseignera de cette façon sur l'importance du défilement naturel que peut offrir cette route pour des réserves. Les lignes de culture seront une préoccupation constante pour le dessinateur puisqu'elles indiquent toujours les lignes de pente dans les terrains assez résistants et deviennent, dans les terrains meubles ou à pentes trop raides, des bandes horizontales ressemblant aux courbes de nivellement sur les plans. Dans ce cas les cultures sont toujours traversées par des rigoles creusées par l'écoulement des eaux et représentant les lignes de plus grande pente. Les changements de lignes de pente indiquent toujours un sentier ou une crête militaire, il est nécessaire de préciser si ces crêtes sont bordées de haies qui en augmentent l'importance, etc...........

Tous ces renseignements et bien d'autres disparaissent dans les détails innombrables de la photographie surtout s'ils se présentent à une grande distance, mais ils n'échapperont jamais à l'œil exercé de l'officier, soucieux d'indiquer si les pentes sont accessibles aux trois armes et s'il existe sur les versants des sentiers que pourront suivre des éclaireurs.

Les escarpements qui limitent souvent les croupes seront relatés avec soin en raison des obstacles sérieux qu'ils peuvent créer et des terribles surprises qu'ils occasionnent à la guerre. — La forme des arbres sera traduite, sinon artistement, du moins assez clairement puisqu'elle indique souvent la nature du terrain : les sapins et les bouleaux poussent toujours dans des terrains secs ou rocailleux, les saules et les ormes dans le voisinage de l'eau.

Quand l'officier représentera une forêt, après lui avoir donné les dimensions à l'échelle choisie, il dessinera deux ou trois arbres à pointes et remplira le reste de traits verticaux, ou bien il représentera quelques arbres touffus entourés de ronds enchevêtrés : dans le premier cas il s'agira d'une forêt de sapins où la cavalerie doit toujours pouvoir pénétrer, dans le second, d'un bois fourré qui n'est accessible qu'à l'infanterie.

Ce genre de travail ne doit jamais être entravé par une préoccupation artistique, et ne comporte que dans une certaine mesure les prescriptions relatives au point de vue et aux angles optiques, mais les lois de la perspective seront toujours exactement appliquées en même temps qu'on observera une rigoureuse conservation de l'échelle.

L'officier n'a pas pour but de faire un joli dessin condensé dans une même feuille de papier, la boussole lui servira pour établir les changements de point de vue, et l'étendue de son dessin n'a pas d'autre limite que la quantité de feuilles de papier renfermées dans son carnet. — Ce dessin est un langage qui n'a pas besoin d'être imagé, mais nécessite la précision et la clarté pour parler aux yeux de tout le monde : il ne doit pas tout dire, afin d'être plus compréhensible et d'attirer l'attention sur les points particulièrement intéressants. La photographie, si parfaite qu'elle puisse être, conduit à des résultats contraires ; son échelle est forcément limitée et tous les détails qu'elle donne, dans le cas d'une lumière favorable, amènent une confusion dont on peut se faire l'idée en essayant de calquer une photographie de ce genre avec le papier le plus transparent.

Le cylindrographe, qui permet d'établir un tour d'horizon perspectif avec trois visées, donne, paraît-il, le moyen de passer d'une façon mathématique de la vue perspective à la planimétrie : il constitue donc un merveilleux appareil destiné à rendre de très grands services en temps de paix et même pendant la guerre, à distance de l'ennemi. La chambre claire, instrument perfectionné par de savants officiers, permet aussi d'exécuter mécaniquement les dessins ; nous devons admirer et utiliser en temps et lieu ces précieuses découvertes de la science, mais gardons-nous de les vanter assez pour laisser croire qu'elles pourront remplacer le dessin militaire.

L'œil exercé d'un officier sera toujours, sinon le plus parfait, du moins le plus pratique de tous les instruments, de même que le croquis *juste*, intelligemment fait et dégagé de tout ce qui n'a pas d'intérêt militaire, restera le document le plus compréhensible et le plus utile à la guerre.

De tout temps on a reconnu la nécessité d'habituer les officiers, par une sorte de gymnastique de l'œil, à regarder et apprécier les rapports de dimensions ; ceux qui multiplient leurs études sur la nature voient du premier coup d'œil les accidents intéressants qui échappent à des officiers moins exercés ; nous pourrions ajouter qu'ils arrivent à dessiner toujours avec les yeux, alors même que le crayon ne traduit pas leurs impressions. C'est ce but que doivent viser tous les officiers, quelle que soit l'arme à laquelle ils appartiennent. L'exercice seul leur permettra de l'atteindre, et les moins doués pour le crayonnage arriveront peut-être mieux à développer la mémoire locale de la perception des images, que ceux dont l'exécution est plus facile. Les efforts qu'aura nécessités pour les premiers la représentation d'une vue perspective laisseront une empreinte plus profonde et par conséquent plus durable dans le cerveau de ces dessinateurs. L'habileté de main est une qualité secondaire, si appréciable qu'elle puisse être, et le raisonnement joue dans le dessin le rôle le plus important.

En conséquence, tous les officiers, sans exception, doivent arriver à dessiner, et leur travail sera toujours suffisant quand il précisera les souvenirs d'une reconnaissance. Un grand nombre d'officiers généraux ont formulé de nos jours leur opinion d'une façon analogue, mais je dois dire que le colonel Allaire, commandant aujourd'hui le 12e chasseurs, a contribué par ses remarquables travaux à généraliser l'étude des vues perspectives qui sont le complément indispensable des cartes. Depuis plusieurs années, les officiers de l'école supérieure de guerre exécutent ce genre de dessins aux environs de Paris, pendant leurs voyages d'instruction et les manœuvres, et je souhaite ardemment que cette impulsion soit donnée dans toute l'armée. Nos jeunes officiers si travailleurs, si désireux de tout apprendre pour offrir un jour à la patrie le contingent de leur grand savoir, comprendront tous la nécessité de s'habituer à lire le terrain d'une façon précise et de compléter les cartes, si parfaites qu'elles soient. — Il est incontestable que jamais les cartes, pas plus que les instruments, ne remplaceront le coup d'œil si précieux de l'officier. Dieu veuille que les appareils perfectionnés, et les éloges exagérés qu'on en fait n'arrêtent pas l'essort que prend depuis quelques années le dessin militaire. Aujourd'hui qu'on ne le considère plus comme étant du domaine des aptitudes spéciales, il doit se répandre dans tout ce qui touche à l'armée ou est destiné à s'y rattacher en temps de guerre. Les télégraphistes et les vélocipédistes ont le plus grand intérêt à savoir exécuter un dessin militaire et pourront rendre de cette façon d'importants services. Pendant les guerres de notre génération, le dessin militaire n'a pas servi seulement de complément aux cartes ; ceux qui ont fait, comme moi, le siège de Sébastopol peuvent affirmer que le génie et l'artillerie n'ont pu cheminer qu'avec l'aide d'officiers sachant dessiner et convaincus de l'importance de leur mission. Je dois citer parmi eux le commandant du génie Durand de Villers, mort à Paris général de division en 1880. — Les officiers chargés de ce service devaient se blottir en plein jour dans des trous, situés en avant de la parallèle d'approche et destinés à abriter pendant la nuit les sentinelles avancées ; là il était absolument impossible d'utiliser le moindre instrument (1), car la vigilance des tirailleurs russes rendait déjà des plus périlleuses la mission de dessiner. En multipliant ces stations et à l'aide

Fig. 8. — Crimée (1855). — Village de Biuhuck-Miscomia ; avant-poste dans la Vallée de Baïdar.

d'habiles recoupements, ils arrivaient à donner l'aspect vrai des mouvements de terrain, de la configuration des ouvrages russes qui pouvaient les battre, et même de la nature du sol où nous devions creuser nos cheminements.

Les officiers qui ont été entraînés par leurs goûts à faire des croquis dans des villages tartares ont pu constater qu'il n'était pas sans danger de s'aventurer seul chez ces musulmans pour qui la représentation de leurs traits est une offense. — C'est ainsi que dans le village de Biuhuck-Miscomia (*fig.* 8), un dessinateur a été blessé par une balle qui ne sortait certainement pas du fusil d'un Cosaque.

A la suite des nombreuses affaires de nuit qui nous ont mis en possession des ouvrages si habilement improvisés par les Russes, il

(1) Ces applications du dessin pendant les guerres modernes seront détaillées ultérieurement (*note de l'auteur*).

était nécessaire de renseigner le commandement, dès la pointe du jour, sur l'état actuel de l'ouvrage, sur la façon dont il était enfilé par les bastions russes et la nature des travaux que la lutte avait le plus souvent interrompus. — Cette mission était confiée d'habitude à un officier d'état-major, mais les dangers particuliers qu'elle présentait nécessitaient qu'il s'assurât le concours de plusieurs autres officiers, pour le cas où il serait frappé avant d'avoir accompli son important service. Cet exemple servirait à démontrer combien il est nécessaire que tous les officiers sachent dessiner. J'ai pu en citer une infinité d'autres aux officiers de l'école de guerre et aux élèves de l'école Polytechnique en leur relatant des faits qui se sont déroulés devant mes yeux pendant les guerres de Crimée et d'Italie.

J'ai eu l'honneur de faire cette dernière

Fig. 9. — Campagne d'Italie (1859). — Château de Marengo. — En route pour Alexandrie.

campagne dans l'état-major particulier du général Decaen qui a laissé dans le cœur de ceux qui l'ont connu un souvenir ineffaçable ; la page émouvante de sa mort à Borny appartient à l'époque douloureuse de notre histoire mais elle fut le digne couronnement de sa glorieuse carrière.

Mon général m'a chargé souvent d'accompagner les reconnaissances et de lui rapporter des vues perspectives ; il attachait la plus grande importance à ces compléments de carte, de même qu'il appréciait beaucoup les croquis artistiques. — L'un de ceux qui l'intéressaient a été fait sur la route d'Alexandrie en face du château de Marengo. C'est là que l'état-major de la garde s'était établi après avoir quitté Gênes pour se porter en avant (*fig.* 9).

La veille de la bataille de Solférino j'avais fait des dessins sur les croupes et les pitons qui s'échelonnent jusqu'au village. — Nous avons pu constater combien les cartes donnaient peu l'idée de la configuration du sol, et des obstacles accumulés pour constituer des positions défensives telles qu'il était impossible de comprendre pourquoi les Autrichiens les avaient abandonnées : c'est l'opinion que formula le commandant Maurand du 2e Zouaves. J'aurai l'occasion de parler plus longuement de cette reconnaissance en présentant des vues perspectives, exécutées à cette époque.

Le maréchal Baraguey d'Hilliers dut aborder de front ces positions le 24, sans avoir pu les faire reconnaître. L'histoire a enregistré ce qu'elles ont coûté de sang au premier corps d'armée. Le même général s'était heurté précédemment devant Mélégnano sur des fortifications improvisées par les Autrichiens à l'aide de défenses naturelles. — Je citerai encore ce fait comme un déplorable exemple de reconnaissance insuffisante, en expliquant l'immense service qu'aurait pu rendre un des éclaireurs du Maréchal en lui apportant un croquis des abords de cette ville, la carte ne donnant pas ces renseignements.

Tous les officiers étaient alors convaincus de l'utilité du dessin ; mais, il a été plus difficile de combattre chez eux les idées trop longtemps répandues qu'il est indispensable d'avoir pour ce genre de travail des *aptitudes spéciales*. — En recherchant les causes d'une erreur si grande, on les trouverait peut-être dans l'usage immodéré des copies d'estampes imposées autrefois aux élèves de nos écoles; mais, grâce à l'esprit de méthode qui préside aujourd'hui à l'enseignement du dessin, le crayonnage plus ou moins habile a fait place à une science qui est du domaine de tous ceux qui raisonnent et observent. Tous les officiers peuvent donc faire un dessin juste et intelligible pour tout le monde, son but est atteint quand il parle aux yeux de ceux mêmes qui ne savent pas lire sur une carte. Les paysans qu'on interroge pendant la guerre pour avoir des renseignements reconnaîtront toujours leur pays sur un dessin perspectif, jamais ils ne pourront comprendre quoique ce soit sur les cartes.

J'ai eu l'occasion de démontrer ce fait aux officiers de l'école supérieure de guerre pendant un de nos voyages dans l'Est. Nous dessinions sur la côte d'Essey, d'où l'on découvre des panoramas très étendus s'étageant à l'Est jusqu'à la Mortagne et à l'Ouest dans la direction de la Moselle ; des enfants du village nous avaient suivis et j'eus l'idée de leur montrer nos dessins en leur demandant les noms des villages, des cours d'eau et enfin tous les renseignements que nous avons l'habitude d'écrire sur nos dessins à l'aide des cartes. Celles-ci ne nous donnent que des cotes de nivellement, des noms de village et de lieux intéressants, des cours d'eau, des distances mesurées sur l'échelle, etc... elles peuvent nous servir dans ce cas à contrôler l'exactitude des renseignements verbaux de ceux qui nous fournissent en outre de précieux documents sur les ressources du pays. L'un des enfants que je questionnais, pendant que je dessinais des villages très éloignés ou des fermes isolées, me renseignait sur la nature des denrées qu'on pourrait y rencontrer : ici nous trouverions d'abondantes provisions de fourrage, là du blé et du maïs, ailleurs du vin ou du cidre, etc... Je fus très étonné qu'il reconnut dans un dessin de village d'un plan éloigné la maison de son beau-frère, me dit-il, celle du maire, qui n'étaient figurées que par des dimensions à peine perceptibles, mais à leur place vraie, telles qu'elles se présentaient devant ses yeux. — C'est ainsi, à mon avis, que les villages doivent être dessinés même à des distances très éloignées. — Le dessinateur militaire devra se préoccuper en dessinant un village de donner l'idée de sa configuration générale, sans s'astreindre à traduire la forme souvent peu variée des maisons.

Il s'attachera à définir clairement son impression d'habitations groupées ou isolées, entourées ou non de murs de clôture limitant des jardins, des châteaux, églises, cimetières, etc., renseignements très utiles au point de vue de l'attaque ou de la défense.

Dans le cas d'un intérêt militaire particulier, certains de ces villages, indistinctement aperçus à simple vue dans le panorama général, devront être l'objet d'une étude spéciale à l'aide d'une lorgnette, et dessinés à part, soit dans une marge de la feuille, soit sur un feuillet spécial indiqué par un renvoi.

Dans ce nouveau dessin il sera nécessaire de grandir à la même échelle les accidents de terrain qui avoisinent le village, les routes qui y conduisent, les défenses naturelles qui le protègent, et celles dont l'ennemi aurait déjà augmenté l'importance par des ouvrages de campagne. — Si vous avez dessiné un cours d'eau, les gens du pays vous indiqueront le plus souvent, à l'inspection d'une vue perspective, les gués, que vous pourrez préciser par une amorce de route interrompue sur ce point par la rivière, ou en figurant un signe conventionnel. L'ordonnance sur le service des reconnaissances attache la plus grande importance à ce mode de renseignements donnés par les habitants, de même qu'il est admis qu'un guide du pays doit toujours être préféré à la plus parfaite des cartes.

Les officiers de l'École de guerre ne manquent jamais l'occasion d'appliquer cette importante prescription du service en campagne ; j'ai souvent vu quelques-uns d'entre eux en conférence avec des enfants dont la naïveté et l'intelligence peuvent être utilisées avec succès (*fig.* 10).

Fig. 10. — Les renseignements à l'étape. — (Voyage de l'École Supérieure de Guerre en 1890).

Les vues perspectives et les croquis militaires représentant le terrain tel que les paysans sont habitués à le voir, ceux-ci le reconnaîtront toujours, et d'autant mieux, si vous avez eu soin d'employer quelques crayons de couleur, écrivant mieux les routes, les cours d'eau, les lignes de culture, etc. . en un mot, parlant aux yeux peu familiarisés avec les moyens sommaires du blanc et du noir. Dans ce cas vous pourrez recueillir d'eux tous les renseignements que vous souhaitez. — Si vous cherchez à les orienter sur une carte vous n'arriverez jamais, et j'en ai fait la démonstration devant les officiers de l'école de guerre en fermant nos cartons de dessins pour présenter la carte à ces mêmes enfants qui avaient suivi avec le plus grand intérêt la représentation de leur pays par nos vues panoramiques. — Il nous a été impossible d'en tirer autre chose que l'affirmation qu'ils ne connaissaient rien à nos plans, bien que nous leur fissions toucher du doigt les villages et les ruisseaux qu'ils avaient si bien reconnus et nommés à l'inspection de nos dessins.

Donc, en présence d'une vue perspective, un paysan pourra vous donner des renseignements sur un pays connu de lui, ce qu'il ne pourra jamais faire à la vue d'une carte nous offrant la même représentation.

Les officiers, que j'avais l'honneur d'accompagner, n'avaient peut-être pas besoin de cette expérience pour être convaincus de l'importance du dessin militaire dans les reconnaissances ; je suis autorisé à le croire en raison du zèle qu'ils apportent dans ce genre de travaux ; mais j'ai pensé qu'il est bon de multiplier toutes les preuves et tous les moyens pour concourir à l'extension de cette instruction, destinée à développer le coup d'œil militaire et à rendre de si grands services pendant la guerre.

Toutes les fois que nous trouvions sur nos routes d'étapes des motifs intéressants de paysages nous les exécutions comme exercice de précision, conformément à nos principes pour les vues perspectives de grande étendue. C'est ainsi que nous avons dessiné la Pierre-Percée sur la route de Blamont à Celles, dans cette partie si pittoresque des Vosges (*fig.* 11).

Le dernier chapitre de quelques cours de topographie est consacré à l'étude des vues perspectives, et donne sommairement les moyens de les établir à l'aide d'un certain nombre de points devant être reliés *par les procédés du dessin d'imitation.*

La règle divisée sert le plus souvent de moyen pour rapporter à une échelle convenue sur le dessin les distances et les hauteurs. Quant au raccordement *par les procédés du dessin d'imitation,* je ne le trouve pas clairement indiqué pour les officiers qui n'ont étudié le dessin d'imitation que sur des estampes d'après les charmants croquis de Charlet et ceux de Calame. Je n'ai aucunement le désir de critiquer les méthodes indiquées, d'autant moins que je les considérerai toutes comme excellentes si elles donnent de bons résultats, et répondant aux exigences de justesse, de rapidité et de synthèse du dessin militaire. — Cependant, mon expérience m'a amené à cette conviction qu'il faut exercer l'œil d'un officier à lire sur le terrain et non sur une règle graduée qui n'offre pas seulement l'inconvénient énorme de limiter l'exercice de la vue à la précision mathématique des divisions chiffrées, mais encore d'habituer le dessinateur à ne pas pouvoir s'en passer et à devenir impuissant pour produire un dessin si elle lui fait défaut. Il me paraît nécessaire que l'officier s'exerce à prendre ses mesures comparatives à l'aide d'une unité choisie sur le terrain qu'il étudie, et qu'il soit amené, par cette sorte de gymnastique de précision pour l'œil, à apprécier les rapports de dimensions par les méthodes les plus simples, jusqu'au moment où il arrivera à les lire assez justement pour se passer des moyens mécaniques. Michel-Ange a écrit que : « pour bien dessiner il faut avoir le compas dans l'œil ». Cette métaphore implique qu'il attachait une plus grande importance à la rectitude de l'appréciation de l'œil qu'à la rigidité mathématique des instruments qu'on peut tenir à la main. — Léonard de Vincy affirme que la science de la perspective constitue tout le dessin. En nous appuyant sur ces grands maîtres dont l'autorité est incontestée, nous adoptons pour base de l'enseignement du dessin : l'appréciation des rapports de dimensions et les règles de la perspective. Nous admettons que les élèves à qui nous nous adressons ont, sous ce rapport, des notions suffisantes pour qu'il soit inutile de reproduire ici les renseignements techniques écrits dans tous les livres qui sont entre leurs mains.

Cependant il sera indispensable de rappeler pour mémoire quelques grands principes et les définitions des termes généralement employés dans le langage dont nous nous servons pour cette étude.

Je ne sortirai pas à cet égard des strictes limites du nécessaire, car je désire rester pour mes lecteurs un conseiller et non un pédagogue. Mon but est surtout d'insister sur la nécessité de préparer les jeunes gens de nos écoles à l'exécution des dessins qu'ils auront à faire pour leurs travaux topographiques, et aussi dans les reconnaissances dont ils seront chargés.

Les croquis que je leur montre ont pour but de les engager à exécuter dans les moments de loisir des dessins analogues qui leur rappelleront plus tard d'agréables souvenirs. J'éprouve toujours une véritable joie en retrouvant dans mes cartons des pages heureuses de ma vie que me rap-

Fig. 11. — Voyage de l'Ecole Supérieure de Guerre en 1889. Route de Blamont à Celles (Vosges). — La Pierre Percée.

pellent tout entières les moindres motifs, — par exemple le jeu de boules des Voltigeurs de la garde dans le village de Marengo. (*fig.* 12).

Les exercices extérieurs des futurs officiers sont forcément limités à de rares séances, en raison des cours si multipliés à l'intérieur sur toutes les branches de la science. L'enseignement du dessin dans nos salles à l'Ecole Polytechnique n'est pas suffisant, il n'est qu'une préparation à une étude spéciale qui doit être faite sur le terrain.

Nous ne sommes plus à l'époque où le dessin n'était enseigné qu'au point de vue d'une certaine habileté de main, nous procédons par des méthodes précises toujours appliquées devant la nature; ces heureuses modifications n'ont besoin que d'exercices sur le terrain pour amener les officiers à lire avec précision les détails intéressants

Fig. 12. — Campagne d'Italie. — Cantonnement des Voltigeurs de la Garde dans le village de Marengo. (4 Mai 1859).

qui doivent renseigner le commandement. C'est le but que se sont proposé de tout temps les hommes compétents, convaincus de l'importance du dessin pour les officiers. A la création de l'école Polytechnique, les illustres savants chargés de composer le corps enseignant ont désigné des maîtres de dessin en même temps que des professeurs de science destinés à former des ingénieurs militaires et des officiers d'Artillerie.

Les artistes éminents chargés du cours de dessin à cette époque semblent avoir limité leur enseignement à la représentation du corps humain, si l'on en juge par les remarquables modèles qu'ils ont légués à l'Ecole. Ils pensaient sans doute exercer suffisamment l'œil de leurs élèves par une rigoureuse interprétation des dimensions et des mouvements qu'ils avaient eux-mêmes si habilement et si justement traduits. Ces maîtres de l'art pouvaient croire qu'un dessinateur rompu à la théorie des subdivisions prescrites par le canon des Grecs pourrait facilement appliquer son savoir artistique à la représentation de tous les objets et aussi des mouvements et des accidents de terrain. Ils ne semblent pas s'être beaucoup préoccupés du dessin appliqué aux exigences du service militaire ni a celles que comportent les besoins d'un ingénieur. Le croquis en général étant considéré par eux, à juste titre, comme le résumé de toute une science, ils donnaient la science sans se préoccuper de son application spéciale aux travaux topographiques.

Plus tard est venue la méthode de l'enseignement d'après la bosse et par la copie des estampes représentant des hommes, des chevaux et des paysages; elle a fait place à une autre très logique et appropriée plus directement aux exigences de notre époque.

Après avoir été élaborée pendant de longues années et introduite dans l'enseignement universitaire malgré de grandes résistances, la méthode du dessin par la représentation directe des objets naturels a prévalu partout.

Le sculpteur Guillaume, l'éminent artiste membre de l'institut, l'auteur de cette importante révolution dans l'enseignement, l'a importée à l'école Polytechnique où il est professeur depuis dix ans.

Malgré ses *hautes fonctions* à l'école des Beaux-arts français à Rome, il a conservé son titre et les maîtres continuent sous son patronage les traditions qu'on leur a laissées. Elles seront pieusement conservées à l'école autant que le souvenir respecté de l'homme illustre qui les a introduites.

Notre enseignement à l'école Polytechnique suit une progression raisonnée qui a pour base les rapports de dimensions et les règles de perspective appliquées à la représentation de chapiteaux de colonnes, de fragments d'Architecture surmontés quelquefois de vases hydries ou de rosaces. Ces modèles, se présentant avec la rigidité mathématique des déformations perspectives, constituent pour les élèves une sorte de gymnastique de précision exerçant leur œil en même temps qu'elle force leur esprit à un raisonnement constant qui rentre dans leurs méthodes habituelles de travail.

Ils sont amenés à rechercher avec le plus grand soin la détermination de la ligne d'horizon, les mouvements des lignes fuyantes, la déformation des cercles par la perspective, etc... Enfin, les subdivisions des fragments d'entablement par la cimaise, le larmier, les modules ou ornements sous le larmier, les quarts de rond, les listels, la frise, les obligent à prendre dans leur modèle une *unité* de mesure, soit horizontale soit verticale, qui leur sert à apprécier toutes les dimensions. C'est exactement ce qu'ils feront plus tard sur le terrain quand ils auront à dessiner des motifs restreints ou des panoramas étendus.

Ils en trouvent une première application dans la cour de l'école en dessinant des canons et des caissons, qui se présentent à leurs yeux absolument de la même manière que leurs chapiteaux de colonnes et leurs fragments d'Architecture. Ils ne sont pas surpris par la déformation apparente des roues en raison de la perspective; ils apprécient justement les différentes éllipses, les rapports entre les axes tels qu'ils se présentent et aussi les lignes fuyantes des caissons, des tangentes aux roues, des moyeux etc...

Enfin nous les mettons en présence de paysages que nous apercevons de leurs cours, et qui nous fournissent encore des applications de l'enseignement technique devant les chapiteaux dessinés antérieurement dans les salles.

Dans l'étude de ces paysages qui se présentent le plus souvent avec des premiers plans gênants, nous les habituons à éliminer certaines parties moins intéressantes ou à les indiquer sommairement afin de consacrer plus de temps à traiter avec soin et surtout une parfaite netteté les motifs présentant un intérêt réel. Cette façon de procéder a pour but de les familiariser avec des moyens analogues préconisés pour les dessins militaires qu'ils auront à exécuter plus tard. En effet, dans les dessins militaires il est nécessaire de ne pas traduire ce qui n'est pas intéressant au point de vue technique. Chaque chose doit-être écrite à sa place et à l'échelle convenue dans l'ensemble du dessin, mais à peine indiquée si elle gêne des détails intéressants même très éloignés, et remplacée au besoin par un signe indiquant en marge l'objet qui n'a pas été figuré. Nous aurons l'occasion de reprendre cette question importante dans le courant de notre notice.

Nous parlerons de même de la façon de représenter les arbres qui constituent pour les élèves un épouvantail suffisant pour les éloigner des travaux de ce genre. Beaucoup d'officiers m'ont déclaré qu'ils n'osaient pas entreprendre l'étude des vues perspectives parce qu'il ne savaient pas dessiner les arbres ! Je m'empresse d'ajouter que je compte parmi ces derniers des adeptes convaincus de nos théories sur les dessins militaires quoiqu'ils aient continué à mal représenter le feuillage.

Nous accompagnons chaque division de l'école Polytechnique à Ville-Neuve Saint-Georges et à Sèvres où sont conduits les élèves pour visiter le fort et la manufacture ; notre mission est de continuer l'enseignement en plein air.

Malheureusement ces travaux coupés par le temps consacré aux visites qui ont motivé les voyages, ne donnent qu'un très médiocre résultat pour beaucoup de raisons trop longues à énumérer. Il est regrettable que ces sorties ne puissent être plus multipliées et aussi dans des conditions plus favorables. La première division cesse à dater de cette époque les leçons de dessin dont elle aura l'occasion de faire une application immédiate à l'École de Fontainebleau, pendant le cours de topographie. — Mais, il est à souhaiter que les travaux de ce genre ne consistent pas seulement à remplir de vues et profils intéressants la colonne ouverte avec ce titre dans le chapitres des Itinéraires ; ils sont insuffisants pour habituer les officiers à traduire le terrain et même à le lire avec la précision que donne l'habitude du dessin. — Leurs voyages topographiques pendant la belle saison leur fourniraient d'intéressants sujets d'études, il est désirable que ce genre de travail pénètre dans les programmes à venir.

Au mois de juillet 1890, pendant mes voyages dans les Vosges avec les officiers de l'école de guerre, j'allais rejoindre à Cornimont dans le ballon d'Alsace un détachement qui devait visiter la zône de la vallée de la Meurthe. Les officiers arrivant seulement le 15, je m'étais arrêté le 14 à Arches village situé sur la rive gauche de la Moselle et station du chemin de fer d'Epinal à Remiremont. J'espérais trouver dans cette petite localité admirablement située au confluent de la Vologne et de la Moselle, le calme nécessaire pour étudier le joli panorama qui s'étend du fort de la Mouche au fort d'Arches destiné à couvrir la vallée de la Vologne.

CHAPITRE II

Une rencontre à Arches (sur Moselle) de quelques officiers de l'Ecole d'application de Fontainebleau. — Conseils pour l'exécution de leurs dessins militaires. — Le rôle des crayons de couleurs au point de vue de la clarté et de la rapidité du travail. — De la nécessité des grands dessins établis sur une série de feuilles de la dimension d'un carnet portatif. — Du choix de l'échelle — De sa conservation rigoureuse dans chaque feuille sur la ligne d'horizon déterminée ou la ligne de base. — Nécessité de l'orientation et du numérotage des feuilles. — Annotations dans les marges et dessins d'accidents intéressants. — Au besoin sur le verso. — Exemple de leur importance pris dans la guerre de 1870-1871. — Représentation des Forêts et des arbres intéressants. — Suppression des arbres inutiles. — L'officier ne doit jamais se préoccuper de la représentation artistique des arbres. — Représentation d'un chemin descendant. — Préoccupations spéciales de l'officier envoyé en reconnaissance.

J'avais supposé que les réjouissances de la fête du 14 juillet y seraient moins bruyantes que dans les villes, mais je fus désabusé dès mon arrivée en trouvant l'unique hôtel du pays envahi par les sapeurs et les artilleurs descendus du Fort d'Arches avec l'intention d'y banqueter jour et nuit de la façon la plus joyeuse.

Pendant que je cherchais dans la petite localité de Pouxeux, située au pied du mamelon que domine le fort, un gîte moins célèbre sans doute mais plus tranquille que l'hôtel d'Arches, je rencontrai quelques officiers, dont les visages m'étaient connus et pour qui je n'étais pas non plus un étranger.

Ils appartenaient à un détachement des élèves de Fontainebleau venus pour visiter les forts. Leurs camarades étaient partis dès le matin pour Gérardmer où ils comptaient passer une agréable soirée à l'hôtel de la Poste, célèbre par les jolies fêtes que donne l'intelligente hôtesse à son élégante clientèle, quand un bon vent pousse de son côté les jeunes officiers en Voyages d'instruction (1).

(1) Pendant la belle saison Gérardmer est une station très recherchée à cause de sa belle situation dans le voisinages des lacs et des forêts de sapins.

Les danseuses n'ont pas souvent la bonne fortune de rencontrer des cavaliers aussi distingués, n'ayant pas besoin d'être présentés puisqu'ils portent un uniforme d'officier considéré partout, à juste titre, comme un passe-port suffisant.

Les jeunes gens que j'avais trouvés à Pouxeux avaient préféré aux plaisirs mondains et aux valses enivrantes, le calme de la campagne et les promenades sous bois. Obligés de fuir l'hôtel d'Arches pour des raisons analogues aux miennes, doublées de convenances militaires à cause de leur grade, ils avaient trouvé à Pouxeux un lieu de refuge où ils voulurent bien me donner une place. Cette journée est l'un de mes bons souvenirs parmi tant d'autres, car j'ai été un vieil enfant gâté par les jeunes gens que j'ai eu la bonne fortune de guider dans leurs travaux.

La visite du fort étant terminée, ces officiers avaient devant eux une longue journée de loisir et ils commirent l'imprudence de me le dire. J'amenai la conversation sur le dessin aussitôt que je pus trouver un joint pour aborder cette question importante, et je leur montrai quelques uns des panoramas que je portais dans ma sacoche suspendue à ma hanche comme une sabretache et de la dimension du porte cartes des officiers de l'école de guerre.

Ils purent constater que la mienne étant particulièrement destinée à me servir pour dessiner était organisée en conséquence (ce qui devrait exister pour les sacoches porte-cartes de tous les officiers). La face extérieure, c'est-à-dire celle qui ne bat pas la selle du cheval, présente une surface lisse où peut être fixé le papier sur lequel on dessine. Elle porte en outre une bretelle analogue à celle du Carton-Pierre en usage dans toutes les écoles, de telle sorte que l'officier puisse s'en servir pour dessiner en se tenant debout. Cette bretelle peut-être rentrée à volonté dans l'intérieur de la sacoche et n'est de cette façon ni gênante ni visible. La surface lisse est protégée quand on ne dessine pas par la couverture rigide et imperméable qui l'enveloppe et se boucle à son extrémité sous la sacoche.

La dimension de ce petit sac très portatif n'excède pas 0. 22 c. sur 0. 18 et contient une poche à soufflet assez large pour permettre d'y introduire une assez grande quantité de papiers coupés ou repliés dans la dimension exacte de la surface lisse. Elle doit en plus abriter quelques crayons dont 4 de couleurs : (bleu) (rouge) (vert) Jaune), plus un morceau de craie cuite, surtout si l'on emploie pour ces dessins un papier légèrement bleuâtre que je recommande.

En effet, quand les accidents de terrain éloignés et se découpant sur le ciel ont été très légèrement tracés ainsi qu'il convient, on les accentue vite et facilement en estompant avec du blanc les environs des contours après les avoir suivis avec la pointe de la craie Il suffit de passer le doigt dessus pour la fixer suffisamment. La craie sert aussi à écrire les murs des maisons, des clotures, etc... plus vite et plus distinctement que le crayonnage devenu impossible dans les lointains. Enfin on peut la mélanger avec succès aux autres crayons destinés à indiquer par une teinte les cours d'eau, les routes, les cultures etc... Sortes de teintes conventionnelles ayant une certaine analogie avec celles des levés réguliers.

Le travail à l'aide des crayons de couleurs présente le grand avantage de traduire beaucoup plus vite, d'une façon plus claire, tous les accidents du terrain. Grâce à ce procédé on ne confondra jamais un ruisseau ou un petit cours d'eau avec un sentier ou une route éloignée au pied d'une croupe ou d'un mamelon. Les toits des villages les plus lointains viendront immédiatement se présenter à l'œil à côté des traits blancs représentant les murs ; enfin, les cultures seront facilement indiquées par des traits de couleurs présentant en même temps leur nature, mais dont le but est surtout d'indiquer les pentes de terrain soigneusement repérées par l'angle qu'elles font avec la verticale.

Lorsque ces lignes, plus ou moins courbes, suivant le terrain, sont des parallèles dans la nature, ce qui est fréquent, leurs tangentes vont concourir à des points le plus souvent aériens, et leur représentation sur le tableau perspectif figure des écartements d'autant plus grands à leur base que ces courbes de culture sont plus rapprochées de l'œil du dessinateur. Elles donnent donc non seulement les lignes de pente mais aussi le sentiment de l'étendue approximative de la croupe sur la quelle elles sont figurées.

Les crayons de couleur précisent ces importants renseignements en même temps qu'ils distinguent les cultures des sentiers qui peuvent exister dans les terres labourées, ce que le crayon noir confondrait dans une représentation identique.

Ces explications données aux élèves à propos du rôle des crayons de couleur dans nos dessins ont pour but de leur démontrer l'importance que j'attache à ces crayons qu'on peut facilement tenir dans la main gauche et deviennent une sorte de palette sommaire très peu gênante et destinée à activer l'exécution et à la préciser.

En leur montrant les longues bandes de papier gris repliées exactement dans la dimension du carton lisse, et devant être maintenues par des pinces aux quatre angles pendant l'exécution du dessin, afin de résister au vent le plus intense, je leur explique que chacune de ces feuilles, de vingt deux centimètres au plus, est une fraction d'un panorama pouvant être aussi étendu que le comportent les nécessités du paysage à traduire.

On peut ainsi faire des dessins de plusieurs mètres d'étendue sans autre préoccupation que de conserver dans chaque feuille la même ligne d'horizon et la même unité de mesure qui constitue l'échelle du dessin.

Il est évident qu'on peut toujours trouver dans la nature, soit sur la ligne d'horizon soit sur une horizontale de base, une distance identique à une autre repérée par des points définis et conduire par l'un d'eux une verticale correspondand à l'échelle des hauteurs. Il sera de même toujours possible d'amorcer à l'aide de la première feuille dessinée les lignes à continuer dans la feuille suivante

L'officier n'a pas, comme l'artiste, à condenser dans une feuille ou une toile de dimension déterminée une étendue plus ou moins grande du terrain à représenter ; il n'a pas de préoccupation de ce genre, car l'étendue de son dessin ne doit être limitée que par le manque de papier. Cet inconvénient ne peut jamais se produire, la sacoche devant contenir une quantité de feuilles dépassant l'exigence d'une journée de travail, et l'officier en aura toujours dans sa cantine pour les dessins des jours suivants.

Dans le cas exceptionnel d'un manque de papier, l'officier dessinerait sur l'envers des feuilles, en notant avec soin l'emplacement que devraient occuper ces derniers dessins dans l'ensemble du panorama développé. Cependant, ce moyen ne devra être employé qu'à la dernière extrémité car les versos des feuilles sont destinés ainsi que les marges à recevoir les notes écrites ayant pour but de compléter les renseignements que comporte la reconnaissance.

J'ai préconisé les feuilles repliées dans une même dimension, conforme à la sacoche porte-cartes, mais elles pourraient être indépendantes les unes des autres, et même de dimensions différentes, à la condition que les dessins successifs fussent raccordés par la même ligne d'horizon et la même unité de mesure. Un carnet de poche suffirait, faute de la sacoche, et les feuilles juxtaposées ensuite à l'aide d'un numérotage et de l'orientation donneraient une bonne idée du panorama observé.

Le problème sera toujours convenablement résolu quand l'officier aura fait de *grands dessins* clairs et très lisibles même à la lueur d'un feu de bivouac, et dégagés de tout ce qui n'a pas un intérêt militaire.

L'officier chargé d'une reconnaissance ne doit jamais perdre de vue l'objet de sa mission qui est de donner des renseignements. Ceux qu'on lui demande par la représentation des panoramas peuvent avoir un intérêt particulier dans un lointain si éloigné que les objets à représenter deviennent en quelque sorte microscopiques : par exemple la position d'un fort, la représentation d'un col, etc..... L'officier devra choisir son échelle en conséquence en commençant par la traduction de ces lointains, et dans ce cas, il se servira de la lorgnette si sa vue devient insuffisante. Il représentera ces points intéressants à une échelle assez grande pour qu'ils soient plus distinctement traduits dans son dessin qu'ils ne le sont en réalité dans la nature, à cause de leur distance ou des brumes qui les enveloppent.

Tout le dessin sera subordonné à cette échelle, et si les premiers plans arrivent à prendre des proportions trop considérables pour être représentés dans la partie inférieure de la feuille, on adjoindra à celle-ci une autre feuille qui sera collée au bord inférieur, et on répétera cette opération toutes les fois que l'intérêt du premier plan la rendra nécessaire.

Cette adjonction d'une feuille de papier dans le bas de la feuille primitive sera aussi d'un utile secours quand un officier aura à préciser d'une façon spéciale des escarpements, des déblais de chemins de fer intéressants dans lesquels les terres sont quelquefois soutenues par une maçonnerie et les rendent infranchissables, etc... détails que ne comportent pas toujours même les grands dessins d'une façon assez claire ; le dessinateur indiquera ces points par un renvoi au bas de la feuille où ces renseignements importants auront motivé un dessin spécial à plus grande échelle.

— « Les cartes permettent rarement de se rendre compte de l'obstacle réellement sérieux que peut présenter une voie ferrée, et il est toujours nécessaire de compléter les données par une reconnaissance.

Il serait impossible de se douter, sans l'avoir vu, de l'importance qu'avait comme ligne de défense le chemin de fer occupé par le général Crémer à l'Est de Nuits le 16 décembre 1870. Il est également impossible de se rendre compte, quand on n'a pas visité les lieux, de ce fait que le chemin de fer de Saint-Quentin à Terguier divise la partie du champ de bataille de Saint-Quentin située sur la rive gauche de la Somme en deux fractions entre lesquelles il n'y a pas moyen de communiquer autrement que par les passages réguliers de la voie ferrée. La carte au $\frac{1}{80\,000}$, n'indiquant pas les déblais ni les remblais qui sont à peu près inaccessibles sur cette ligne dans le voisinage de Saint-Quentin, ne permet donc pas de soupçonner cette particularité qui gêna considérablement les troupes allemandes le 19 janvier 1871 (1). »

Quant aux escarpements, aucune carte n'en donne l'idée et ces accidents bordant le plus souvent les routes qui longent des croupes deviennent pour les troupes un péril incessant qu'il est impossible de prévoir autrement que par des reconnaissances, ce qui veut dire le dessin militaire, ou tout au moins le coup d'œil exercé d'un officier habitué à ce travail. Ils sont particulièrement dangereux quand ils sont masqués pour des troupes occupant une hauteur d'où elles n'aperçoivent que la route qu'elles sont appelées à rejoindre.

— Aux environs de Floing le 4e chasseurs d'Afrique en a fait une cruelle expérience : de courtes haies dissimulaient si bien les escarpements que nos cavaliers n'ont pu arrêter à temps l'élan de leurs chevaux et ont été précipités d'une hauteur de plus de deux mètres sur la route de Floing à Illy.

Les cartes donnent encore d'une façon très inexacte la forme des forêts et leur nature qui ont une importance considérable à la guerre. Mon expérience m'a amené à constater que les officiers peu habitués au crayonnage se préoccupent outre mesure de la difficulté qu'ils trouvent à traduire leur configuration et l'espèce des arbres qu'ils observent.

A une certaine distance les forêts de sapins présentent un aspect très touffu qui semblerait indiquer qu'elles sont impénétrables pour des cavaliers. Cependant, l'illusion disparaît quand on s'en approche car les troncs s'y dessinent clairement, et il est admis que dans les bois constitués par des arbres pointus, soit des sapins, des pins ou des bouleaux, la cavalerie peut pénétrer. Dans ce cas l'officier après avoir observé, à l'aide de ses jumelles, si c'est nécessaire, dessinera clairement un ou deux de ces arbres à pointes sur les extrémités de la lisière et se contentera de remplir par des amorces sommaires du même genre, même par des traits verticaux, l'espace occupé par la forêt dans le panorama. Cette représentation d'arbres sera toujours suffisante.

Quant aux forêt touffues de chênes, de buissons enchevêtrés, on pourra en donner l'idée par des formes rondes traduisant l'aspect de taillis pénétrables seulement pour les fantassins.

Les arbres isolés peuvent n'avoir aucune importance et seront négligés à moins que l'officier ne leur attribue un intérêt comme point de repère ou jalon d'une direction.

Parfois, les cours d'eau peu importants, mais qui présentent cependant de graves obstacles à la guerre, particulièrement pour les charges de cavalerie, ne sont indiqués au dessinateur militaire que par des lignes de saules ou d'ormeaux serpentant dans la plaine. Il en figurera le tracé comme il le voit et n'hésitera pas à laisser apercevoir l'eau à l'aide de quelques traits de crayon bleu, quand même les arbres dissimuleraient le cours d'eau dans toute son étendue.

Cette façon d'interpréter la nature est absolument autorisée par l'objet spécial du dessin militaire, et à ce propos j'engage l'officier à ne pas hésiter à préciser les lignes de chemin de fer dans ses panoramas par le passage d'un train, quand même le fait ne se serait pas produit devant ses yeux.

Il fera bien de les multiplier au besoin sur la ligne tracée en choisissant toujours les points où ces passages peuvent présenter un intérêt particulier : par exemple, si la ligne est par endroits masquée par un mouvement de terrain, il indiquera cet enfoncement de la voie par une trainée de fumée, etc...

Je reviens à la figuration des arbres puisqu'elle émeut assez certains officiers pour les éloigner de ce travail si important dont nous nous occupons.

Il est évident qu'en dehors des cas particuliers dont je viens de parler les arbres n'ont aucune importance dans le dessin militaire, au moins d'une façon générale. Cependant, comme la nature des arbres coïncide généralement avec la formation du terrain il serait mieux de pouvoir en représenter au moins

(1) Picquart. — *Cours de topographie.* — Ecole de guerre.

quelques-uns dans les plans rapprochés.

Mais, il me paraît peu important qu'un peuplier, par exemple, soit dessiné comme un balai, si je peux lire clairement l'intention du dessinateur. Je ne serai jamais surpris de voir un sapin dessiné comme ceux qui existent dans les boîtes destinées aux enfants.

La configuration générale de la silhouette d'un groupe d'arbres important à signaler suffira toujours et celui-ci, au besoin, sera consigné sur la marge.

Quant aux arbres de premier plan et tous ceux qui masquent des mouvements de terrain ou des accidents intéressants, nous ne les dessinerons jamais au moins d'une façon complète. L'indication de leur emplacement, si elle est nécessaire, sera suffisamment écrite par l'amorce du tronc, et nous nous arrangerons toujours pour qu'ils ne nous gênent pas.

En résumé, les arbres n'offrent d'intérêt qu'au point de vue de la façon dont ils peuvent masquer la présence des assaillants ou des défenseurs, et des obstacles qu'ils présentent pour la direction du feu. Ils nous indiquent aussi les mouvements des routes même à de très grandes distances, alors que que la route elle-même a disparu devant nos yeux. Ils nous serviront enfin et d'une façon très efficace à suivre les sinuosités et les encaissements des routes.

Il arrive souvent qu'une route bordée de peupliers, par exemple, nous présente l'arbre en entier puis la partie supérieure seulement et enfin que celle-ci disparait entièrement. Nous ne découvrons plus la présence d'arbres qu'à une certaine distance plus ou moins grande ; le fait est important à signaler, car dans ce cas la route s'est encaissée de la hauteur indiquée par la disparition d'une partie ou de la totalité de la hauteur du peuplier. Il est intéressant de noter à l'échelle du dessin l'importance de cette sorte de tranchée pouvant jouer un rôle considérable au point de vue de l'attaque ou de la défense. Peu nous importe que ces arbres soient plus ou moins bien dessinés, leur traduction, quelle qu'elle soit, sera toujours suffisante puisqu'elle nous a signalé une configuration de terrain intéressante. Quand j'aurai dit que les arbres du premier plan pourront nous servir à indiquer que nous dessinons sur le sommet d'un piton et que nous dominons un ravin ou une vallée je croirai avoir fini avec cet épouvantail des officiers au point de vue du dessin.

Ces renseignements nécessitent une réflexion constante pour leur application, aussi doit-on toujours les observer avec soin pendant les cheminements ne permettant pas de dessiner. Pour se rendre d'une étape à la suivante, les officiers de l'Ecole de guerre suivent par groupes et sous la direction du plus ancien des chemins très différents afin de pouvoir étudier des zones très étendues du terrain. Chaque chef de groupe présente les travaux et les observations du groupe qu'il dirigeait, et l'ensemble en est discuté à l'étape dans une réunion présidée par le colonel chef du détachement. Généralement, un rendez-vous est donné pendant le parcours sur un piton intéressant où tous les groupes doivent se rallier à une heures fixée, chaque chef de groupe étant responsable de l'allure et de l'appréciation de la distance (*fig.* 13). C'est sur ce point culminant que l'ensemble du terrain est étudié et généralement dessiné. Il est dans tous les cas toujours l'objet d'une conférence et de croquis à l'appui.

Les officiers se séparent de nouveau pour continuer par groupe leurs études jusqu'à l'étape.

La soirée est consacrée à des études sérieuses de vues perspectives et à la conférence militaire jusqu'à l'heure du dîner. La journée est bien remplie, car les officiers montent toujours à cheval à 4 heures du matin et ont fait le plus souvent au moins trente-cinq kilomètres avant le déjeuner.

Si nous sommes sur une crête d'une pente abrupte, nous verrons peut-être des cîmes d'arbres occupant le versant ; il sera important de les figurer si elles existent, et même de les inventer si elles n'existent pas. Dans ce cas particulier il serait également possible, pour ceux qui ont horreur des arbres, de représenter un personnage copié ou imaginé dont la silhouette serait coupée à mi-corps par le mouvement du terrain sur lequel nous dessinons. C'est le seul moyen de donner l'idée des pentes du premier plan et des chemins descendants.

Si nous apercevons de ce point élevé un chemin descendant, nous ne pourrons le traduire que par ces moyens artificiels, puisque la perspective nous donne l'illusion d'un chemin ascendant. Cependant, si nous avons sur ce chemin des constructions régulières en maçonnerie, des maisons par exemple, elles aideront à la solution du problème. Nous constaterons en effet que les lignes des bases appuyées à la route de même que les côtés parallèles de la route vont concourir à des points terrestres tandis que les lignes des fenêtres des toitures, etc., vont concourir sur l'horizon.

Pour le cas des chemins ascendants, les lignes de bases et les côtés de la route vont concourir à des points aériens pendant que les lignes de maçonnerie vont concourir sur l'horizon. Les arbres plantés bordant ces routes nous donneront encore, par les fuites perspectives, le moyen de donner l'idée d'un terrain ascendant : mais, tout travail inutile se traduisant par une perte de temps, leur représentation se bornera à une exécution sommaire. Il nous suffira de dessiner par leur silhouette et surtout par l'emplacement du tronc le premier et le dernier arbre de la ligne de fuite sur chaque côté de la route, en

Fig. 13. — Voyage de l'Ecole supérieure de Guerre en 1889. — Rendez-vous sur le Piton.

les reliant par quelques traits indiquant les autres.

Il en sera de même dans les lointains pour indiquer les voies de communication dont la nature est le plus souvent spécifiée par les bordures d'arbres. Quelques traits verticaux limités par les lois de la perspective seront le plus souvent suffisants.

Si peu habiles que puissent être certains officiers pour la représentation du feuillage, ils s'attacheront à ne pas donner lieu à une confusion des arbres avec les haies bordant les chemins et souvent les lignes de crêtes.

Ces obstacles naturels sont intéressants à noter à toutes les distances et pourront toujours figurer dans nos dessins en raison de notre grande échelle. Ils seront dans certains cas l'objet d'un dessin spécial si ce n'est d'annotations sur la marge,

Les haies peuvent en effet masquer des tirailleurs ou des réserves, et dans certains cas, de la cavalerie ou de l'artillerie suivant des chemins creux. Dans l'offensive elles peuvent contribuer à favoriser les surprises tentées contre l'ennemi et être utilisées comme point d'appui dans le voisinage des routes encaissées où pourraient être massées d'importantes réserves. Elles auraient un bien faible intérêt pour un artiste dans sa représentation de la nature, mais elles en présentent un d'un ordre très différent pour l'officier, en raison du but qu'il se propose. Son attention se portera également sur les fossés dont il tracera la direction en amorçant dans les premiers plans l'aspect qu'ils présentent, afin de donner un renseignement sur leur importance au point de vue militaire. Souvent elle n'est pas à dédaigner même quand les fossés sont peu profonds ; — « La relation de la bataille de Woerth nous montre combien un faible abri de ce genre fut utile aux troupes Prussiennes qui se portaient à l'attaque entre Woerth et le Niéderwald ; elle nous fait voir comment les soutiens qui venaient de traverser les prairies découvertes de la Sauer s'arrêtaient dans ce fossé, pour souffler après ce premier effort, comment précipités par la vigueur de nos retours offensifs en bas des hauteurs d'Elsasshausen qu'ils venaient de gravir, ils se

Fig. 14. — Campagne d'Italie. — Passage du Tessin à Turbigo (2 juin 1859).

cramponnaient à cet abri, s'y ralliaient et évitaient ainsi d'être rejetés jusque dans la rivière » (1).

La carte donne les cours d'eau, leur importance et leur direction, mais elle ne relate rien de la configuration des rives plus ou moins escarpées qui, dans certains cas, peuvent présenter des obstacles très sérieux pour les troupes qui auront à les traverser. Le dessin peut à cet égard fournir des renseignements qui ont une grande importance.

(1) Picquart.

Pendant la campagne d'Italie, pour le passage du Tessin à Turbigo, les rives avaient été soigneusement reconnues, et le pont de bateaux fut jeté précisément au point où elles ne présentaient pas d'obstacles sérieux pour le passage des troupes (*fig.* 14).

Les gués ne sont le plus souvent indiqués que par les habitants, mais ils doivent être relatés dans les marges au point précis représenté par le dessin.

Leur présence pourra quelquefois être révélée à l'observateur à grande distance par l'interruption subite de voies de communication qui se correspondent, en deçà, et au delà du cours d'eau. Ces détails n'échapperont pas à l'œil exercé de l'officier préoccupé de donner tous les renseignements que comporte sa mission. Il les cherchera à l'aide de sa lunette si sa vue ne les précise pas suffisamment; il observera aussi avec attention les ponts ainsi que leurs dimensions approximatives lui permettant d'en conclure le passage possible des troupes de toutes armes.

Tous ces renseignements du domaine des reconnaissances pourront être écrits sur les marges ou sur le verso du dessin, mais ceux qui frappent la vue, aidée ou non d'un instrument, seront consignés plus facilement et beaucoup plus vite par quelques coups de crayon, ainsi que l'a dit le général de Brack dans son ouvrage sur le service des avant-postes. Ces quelques lignes seront plus claires et plus rapidement tracées que les renseignements écrits, pouvant d'ailleurs être résumés par des annotations sommaires.

Dans les zones pénétrables, la représentation des accidents entre dans le domaine des *vues et profils des points intéressants* pour lesquels est ouvert un chapitre spécial dans les Itinéraires, mais elle doit être exécutée de façon à founir réellement des renseignements.

Tous ceux qui ont vu établir des travaux de ce genre en ont constaté comme moi l'insuffisance.

Ceux-là se résumaient le plus souvent à un dessin fantaisiste d'un pont, d'un moulin à eau ou à vent, d'une maison pittoresque, sans aucune préoccupation des lieux environnants.

Pour nous, un accident de terrain, un groupe de maisons, village ou hameau, un cimetière, un moulin, etc... n'offrent d'intérêt qu'en raison de la position qu'ils occupent dans un élément tactique. Ce chapitre des Itinéraires devrait donc offrir assez d'étendue pour donner place à des perspectives du paysage environnant.

Nous aurons quelquefois l'occasion de dessiner l'intérieur d'un village que des accidents particuliers rendent intéressant au point de vue de l'attaque ou de la défense. Tel est un faubourg de Baccarat traversé par la Meurthe large et profonde dans tout son parcours ; dans ce cas, le dessin est limité à la représentation d'un paysage peu étendu donnant l'idée des difficultés de circulation dans l'artère principale (*fig.* 15).

La méthode que nous proposons est applicable dans tous les cas, soit que nous dessinions d'un point culminant d'une zone impénétrable soit que nous puissions cheminer dans une région à explorer.

Nous admettons que nous ne ferons jamais que de grands dessins, à une échelle suffisante et librement choisie pour nous donner au moins la plupart des détails, et que nous représenterons tous les autres à part quand ils nécessiteront une étude spéciale. Notre panorama si étendu qu'il soit ne sera qu'un ensemble de morceaux de terrain étudiés militairement, et dégagés de toute autre préoccupation. Ils constitueront une série de *ces vues intéressantes* demandées dans le travail des reconnaissances, et leur juxtaposition forme avec l'orientation un panorama très étendu seul capable de donner une juste idée de leur intérêt.

Dans la guerre d'offensive, telle qu'elle est aujourd'hui préconisée par nos officiers les plus éminents, les reconnaissances par cheminements seront à peu près impossibles, surtout avec les armes à longue portée et la poudre sans fumée. C'est à l'officier intelligent, convaincu de sa compétence, qu'échouera la mission aussi glorieuse que périlleuse d'affronter les balles ennemies pour renseigner le commandement.

Il se rendra sans escorte à cheval, ou mieux à pied, sur des lieux d'observation dans cette zone dangereuse qu'il relèvera grâce à son œil exercé secondé par une jumelle, et là il n'aura pas d'autre souci que de mener à bonne fin son entreprise, aussi rapidement que possible. Pour cela, son dessin doit être justement exécuté au point de vue de la perspective linéaire et de l'échelle, sans préoccupation des moyens que donne la perspective aérienne pour étager les plans.

Son dessin sera criblé de notes, d'orientations, de renvois dans les marges et sur les versos. Il n'aura rien d'artistique ni de séduisant, mais il sera un document précieux pour le commandement. Dans le cas où cette marche offensive supposée amènerait nos armées sur un territoire étranger, nous ne serons jamais certains d'avoir des cartes, au moins en aussi grand nombre que celles qui sont entre nos mains dans notre pays.

Ajoutons encore qu'une ruse de guerre, souvent employée, consiste à laisser tomber aux mains de l'ennemi des cartes faussement établies avec l'espoir de le tromper. Les reconnaissances des officiers seront à la fois un complément des bonnes cartes et un contrôle assuré à l'égard des mauvaises. J'expliquerai ailleurs comment je comprends l'application des panoramas d'ensemble à l'exécution des reconnaissances.

Il est évident, qu'en admettant même la possibilité générale de se porter sur un point élevé permettant de découvrir beaucoup de terrain, l'officier ne voit pas tous les accidents. De très intéressants lui échappent souvent mais j'ai déjà dit comment il peut suppléer dans certains cas par son intelligence et ses moyens d'exécution à l'insuffisance de sa vision pour les lointains. J'admets toujours que l'officier porte avec lui une bonne jumelle qui ne doit pas plus le quitter que sa boussole, ses crayons et ses

Fig. 15. — A Baccarat (1869).

papiers, j'ajouterai une carte toutes les fois que ce sera possible.

Le moindre accident qui lui sera révélé au delà des mouvements du terrain qui lui masquent la vue pourra lui suffire le plus souvent.

Pour prendre un exemple : je supposerai qu'il aperçoive à une grande distance la pointe extrême d'un clocher au dessus d'une croupe ou d'un mamelon, cette flèche à peu près imperceptible lui donne nettement la position d'un village sur le versant ou dans le fond d'une vallée. Il en écrira le nom en le signalant en marge sur la verticale du lieu. — Je pourrais en citer beaucoup d'autres mais la pratique seule mettra mieux au courant les officiers que ne pourraient le faire de si longues et souvent difficiles énumérations.

Peut-être des officiers qui n'ont pas beaucoup pratiqué ce genre de dessins se demanderont-ils comment on peut arriver à mettre tant de choses dans les vues perspectives.

— Je leur répondrai que ce travail au point

Fig. 16. — Campagne d'Italie. — Suze 1er août 1859).

de vue militaire est fait au détriment de tout ce qui comporte dans le dessin ordinaire une grande dépense d'efforts et de temps. Nous n'étudions pas les arbres, c'est-à-dire que nous les représentons seulement au point de vue de leur intérêt militaire ainsi que je l'ai expliqué. Nous ne nous occupons en aucune façon des ombres, des effets de lumière, du modelé du terrain en dehors du tracé de quelques lignes de culture destiné à donner les pentes.

Enfin nous ne dessinerons probablement rien de ce qui intéresse l'artiste et lui demande beaucoup de temps.

Notre dessin se résume à un tracé répéré juste à l'aide des moyens les plus simples, les seuls pratiques pendant la guerre ainsi que j'ai eu l'occasion de m'en convaincre.

Nous allons étudier comment nous pourrons représenter les lieux habités, les maisons isolées, fermes, bourgs, villages etc... enfin les villes vues de près ou à grande distance. Cette partie de la reconnaissance est certainement l'une des plus intéressantes et je dirai aussi des plus troublantes pour l'officier qui en est chargé. Là encore les préoccupations artistiques, nécessitant une grande habileté en même temps qu'une

Fig 17. — Pic d'Orkousta. — Marche sur le Belbeck (Crimée 1855).

lenteur forcée d'exécution, font place à l'obligation de donner des renseignements militaires dans un temps très limité.

Nous ne dessinerons que ce qui nous paraîtra utile, sans souci du côté pittoresque, et dans ce cas la craie et nos crayons de couleur deviendront pour nous de très puissants auxiliaires.

Les maisons isolées, les fermes, les hameaux seront le plus souvent figurés à l'échelle convenue et au point précis qu'ils occupent à l'aide de la craie limitée par le crayon rouge ou bleu, suivant la nature des couvertures. Dans le cas particulier où les accidents présenteraient un intérêt spécial par leur nature ou leur importance ils pourraient être figurés sur la marge d'une façon plus précise, tels seraient par exemple les châteaux, les fermes importantes pouvant servir de point d'appui pour l'attaque ou pour la défense.

Les villages et les bourgs seront représentés de façon à expliquer qu'ils présentent des masses compactes ou sont flanqués de maisons isolées ou de lisières intéressantes au point de vue militaire, mais, je répète que ces tracés devront être sommaires et ne seront l'objet d'une étude spéciale qu'en raison de l'importance militaire appréciée par l'officier. Dans ce cas ils seraient reportés à grande échelle sur la marge ou sur le verso de la feuille.

Dans les circonstances où l'officier trouve un intérêt à représenter à très grande échelle un fort, les hauteurs qui l'environnent et enfin l'établissement de maisons ou d'accidents de terrain, il doit exécuter son dessin avec la plus grande précision et son travail rentre absolument dans les conditions ordinaires d'une vue perspective d'un motif restreint. Tel serait par exemple le croquis ci-joint de Suze pendant la campagne d'Italie (*fig.* 16).

Pendant la guerre de 1870 ; Woerth a servi de base d'opération pour l'attaque et Frœschevillier a joué le même rôle pour la défense. Cependant, en raison de la pénétration des projectiles actuels à toutes les distances, les murs, les clôtures, et les maisons serviront beaucoup plus à masquer les mouvements de troupes qu'à protéger celles-ci contre les feux de l'ennemi. Les mouvements de terrain avoisinants auront une bien plus grande importance pour défiler les réserves, et l'intérêt qu'offre le village est particulièrement indiqué par sa situation. Pour cette raison, le panorama de la zone étudiée et dans la quelle il figure définira bien son importance, soit pour l'attaque soit pour la défense. Il permettra de se rendre compte de la façon dont il est dominé par certaines croupes dont les crêtes pourraient être occupées par l'artillerie des assaillants ; nous y lirons clairement si les approches en sont favorables pour dissimuler des mouvements de troupes ou abriter des réserves.

Le croquis du Pic d'Orkousta présente un enchevêtrement de croupes et de mamelons très intéressant à cet égard (*fig.* 17).

Pendant la marche du 1er corps vers la vallée du Belbeck, après la prise de Sébastopol, de nombreuses reconnaissances ont démontré l'impossibilité de s'engager dans ces gorges où l'ennemi pouvait abriter d'importantes réserves.

Il est nécessaire de tout écrire dans un croquis, quand même les murs, maisons, etc... seraient à de grandes distances ; les cimetières avoisinant les lieux habités seront toujours indiqués, mais ce travail de détail qui semble long, en raison de sa description, peut être exécuté très rapidement par un officier exercé. Il importe seulement que son œil perçoive justement et très vite l'intérêt militaire.

CHAPITRE III

Exemples pris dans la campagne d'Italie à propos du service des reconnaissances. — Le Maréchal Baraguey d'Hilliers eut évité une grande effusion de sang s'il eut été mieux renseigné sur les obstacles qui couvraient Mélegnano. — Du rôle du Maréchal de Mac-Mahon. — Magnifique exemple de discipline et d'abnégation donné à son corps d'armée par le Bayard moderne, faits inédits racontés par un officier attaché à l'Etat-Major de la deuxième division.

Une lacune à cet égard dans l'histoire officielle de la Compagnie d'Italie. — L'Unité de mesure prise dans la nature doit habituer l'œil à une précision suffisante pour une exécution rapide.

Quelques principes fondamentaux rappelés pour mémoire. — De la ligne d'horizon dans l'exécution des panoramas.

Nécessité de ne pas perdre un temps précieux pour sa détermination précise. — Etablir les distances sur une horizontale quelconque nettement définie par les accidents de la nature.

Les villes aperçues dans les lointains seront représentées uniquement par une silhouette blanche à l'échelle de la zone étudiée et limitée par le crayon de couleur. — Comme elles sont généralement situées dans le voisinage des cours d'eau, qui souvent même les traversent, il sera utile d'indiquer leur situation par rapport aux rives, ou de relater l'importance de chacun de leurs fractionnements. — Si elles sont en partie masquées par des hauteurs voisines, ou même tout à fait, nous indiquerons leur emplacement par le figuré de ce que nous pourrons en voir et par un renvoi vertical sur la marge.

Dans les plans rapprochés nous ne représenterons pas autrement les villes, les villages, les maisons, nous contentant de dessiner les masses dans leur importance et par une silhouette exacte. — Cependant, il sera toujours nécessaire d'indiquer par quelques lignes de fuite l'emplacement approximatif del'horizon.

J'admets que l'officier ne perdra jamais de vue sa science de la perspective et ses moyens de précision pendant l'exécution du croquis le plus rapide.

Il est nécessaire que ceux qui examineront son dessin se rendent compte au premier aspect du point de vue auquel était placé le dessinateur.

Dans le croquis d'une reconnaissance à Kemertchessmé en avant d'Aitodor la ligne d'horizon tracée par la mer indique que le dessinateur était placé sur un piton très élevé (*fig.* 18).

Dans certains cas nous aurons intérêt à dessiner même dans des plans éloignés une porte de maison et à l'échelle précise, dans le but de nous fournir un jalon pour l'appréciation des distances.

Une chaumière, n'ayant qu'un rez-de-chaussée et un grenier, a presque toujours une porte donnant la hauteur moyenne de l'homme. — Le paysan pauvre économise la pierre et n'a pour pénétrer chez lui qu'une porte de sa hauteur. Cette remarque a été faite à peu près partout. — Nous connaîtrons donc que cette porte représente $1^m,75$ environ, ce qui est un élément d'appréciation pour la distance à vol d'oiseau qui nous en sépare, et peut nous fournir un renseignement précis, si nous avons en poche la stadia triangulaire très portative.

Dans la plupart des cas, nous négligerons les fenêtres, les portes, etc... tous les détails qui nous demanderaient une attention inutile et une perte de temps. Cependant, pendant les exercices d'instruction, les officiers feront bien de s'exercer à dessiner plus rigoureusement ce qu'ils voient, afin d'être toujours à même d'exécuter très vite les détails quand leur reconnaissance en imposera l'obligation.

Nous trouvons dans la campagne de 1859 en Italie des exemples bien remarquables à citer à propos de cette partie du service des reconnaissances.

Le Maréchal Baraguey d'Hilliers eut évité une grande effusion de sang, versé pour un résultat médiocre, s'il eut été mieux renseigné sur les obstacles qu'il devait rencontrer en avant de Mélégnano. Ses dispositions ont été prises d'après les renseignements recueillis sur la carte et sans avoir été précédées d'une reconnaissance sérieuse.

Le Maréchal de Mac-Mahon placé sous ses ordres avait dû quitter la grand'route de Milan à Li Molini, et sa 2e division (général Decaen), devait être arrivée à Balbiana

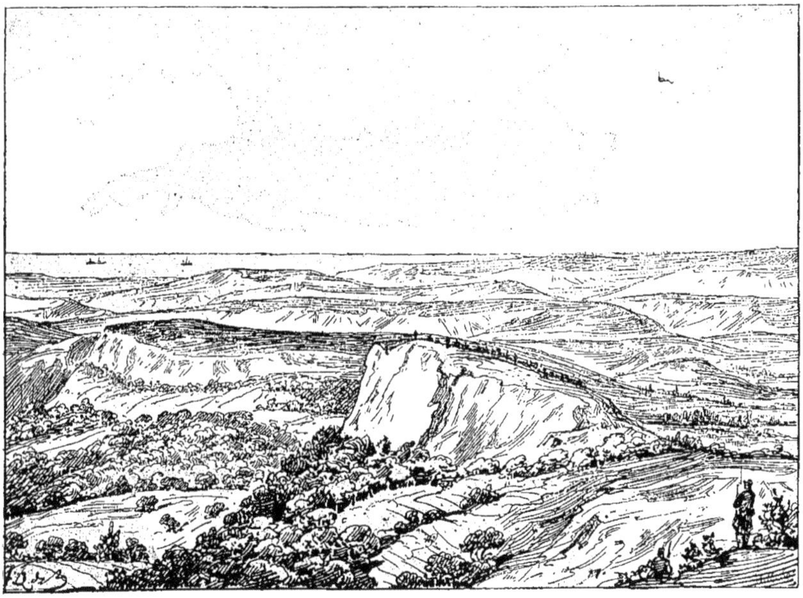

Fig. 18. — Marche du 1er Corps sur le Belbeck après la prise de Sébastopol — Une reconnaissance à Kemertchessmé, en avant d'Aïtodor (Crimée, octobre 1855).

à quatre heures du soir moment probable où elle entendrait le canon lui annonçant l'attaque du 1er corps. — A ce signal seulement, le corps de Mac-Mahon continuerait sa marche en avant en appuyant à droite pour se porter par Mutazzano dans la direction de la route de Lodi afin de couper la retraite aux Autrichiens.

L'attaque de front par la grand'route de Milan était confiée aux brigades Goze et Dumont de la division Bazaine, mais la marche de ces colonnes d'attaque fut tellement retardée par les convois et les bagages des trois premiers corps coupant la route qu'elles ne parvinrent qu'à cinq heures trois quarts à une distance de 1 500 mètres de Mélégnano. — Le Maréchal de Mac-Mahon après avoir culbuté la grand'garde ennemie essuyait le feu des tirailleurs depuis plus de deux heures, sans pouvoir avancer puisqu'il devait attendre le canon du commandant en chef. — Les autres divisions du

1er corps étaient maîtrisées dans leur élan par les mêmes ordres.

Il est impossible de comprendre pourquoi ce temps d'arrêt néfaste n'a pas été utilisé pour reconnaître la nature des obstacles accumulés par l ennemi depuis plusieurs jours. — La carte indiquait bien, sans doute, que la chaussée sur laquelle on s'avançait, parfaitement droite et horizontale, était bordée de fossés, que le terrain à droite et à gauche était composé de prairies et de rizières coupées par de nombreux canaux d'irrigation ; mais là se limitèrent ses renseignements, et le temps d'arrêt qui nous fut si funeste n'eut son explication qu'après la bataille.

Les troupes engagées sur la chaussée y furent refoulées sans possibilité de franchir des fossés larges de 8 à 10 mètres pleins d'eau, et de se déployer dans des rizières et des prairies que les eaux du Lambro et de son affluent le Vettebia avaient inondées, grâce aux canaux d'irrigation qui les coupent.

Cette défense naturelle utilisée par les Autrichiens prenait une importance bien autrement considérable aux abords de la ville ; là les fossés et les canaux étaient utilisés pour couvrir de véritables fronts bastionnés dont les plus importants étaient le cimetière et la ferme Majoca flanquant la route des deux cotés.

La longue muraille du cimetière, crénelée et ouvrant quelques embrasures bien épaulées pour des canons de campagne, plantée sur un tertre dont les escarpements abruptes descendaient sur un fossé de dix mètres, formait une véritable redoute. — Ses feux pouvaient prendre de flanc les assaillants pendant que des barricades faites de troncs d'arbres et de forts abatis, de même qu'un fossé large de deux mètres les arrêteraient dans leur marche.

A l'entrée même de la ville, quatre pièces de gros calibre, dissimulées par un épaulement en terre, étaient destinées à balayer la route quand les premiers obstacles auraient été enlevés ; des maisons voisines crénelées et matelassées devait partir en même temps une grêle de balles. Telle était la position formidable sur laquelle furent lancés quand même nos braves régiments, en tête desquels marchait le 1er régiment de Zouaves.

Nos intrépides soldats d'Afrique, appuyés par le 33e régiment d'infanterie, s'élancèrent à l'assaut au commandement de leurs chefs comme ils s'étaient précipités tant de fois sur les villages Kabyles. Ils jonchèrent les fossés de leurs cadavres que les eaux du Lambro rougies par le sang entraînaient jusqu'aux pieds du commandant en chef. — Quatre cent trente-cinq soldats tués, sept cent trente-quatre blessés. — Quinze officiers tués, cinquante-cinq blessés, voilà le tribut qu'a payé la division Bazaine ! — Là sont tombés des officiers du plus grand avenir destinés à rendre de plus sérieux services à la patrie. — Tous ces braves ont contribué pour une large part à la prise de Mélégnano, ils sont morts en héros, leurs camarades ne sauraient les plaindre ; mais il appartient aux survivants de cette journée funeste de regretter un sang généreux qui eut pu couler ailleurs plus efficacement pour la France.

Cette incurie du commandement au point de vue des reconnaissances appartenant à l'histoire aussi bien que le fait de la victoire de Mélégnano, peut être racontée et jugée par qui que ce soit ; je ne puis me défendre de m'y arrêter un peu longuement à travers mes souvenirs personnels.

J'appartenais au corps de Mac-Mahon dont la mission assignée par le Maréchal Baraguey d'Hilliers consistait à se porter sur la route de Lodi aussitôt qu'il entendrait le canon, ainsi que je l'ai déjà dit.

Puisque l'occasion s'en présente pour moi, je veux écrire quelques lignes qui seront un bien faible hommage rendu au grand Maréchal que tous les français ont regretté, mais qui a laissé d'ineffaçables souvenirs de ses vertus à ceux qui ont servi sous ses ordres. Il nous a donné à tous de grands exemples, et c'est à juste titre que ses contemporains ont légué aux générations futures son glorieux surnom du *Bayard Moderne* (1).

Sur ce même champ de bataille, où l'illustre Bayard a fait au roi François Ier l'honneur de l'armer chevalier, en récompense de sa belle conduite, Mac-Mahon s'est montré comme partout le *chevalier sans peur et sans reproche.* — Au lendemain de

(1) Egalement attribué au général Oudinot.

sa victoire de Magenta dont la dignité de Maréchal était la juste récompense, alors que sa gloire pouvait être jalousée, il a prouvé à ses soldats que la discipline est le premier des devoirs, en même temps qu'il leur donnait la mesure de son abnégation au milieu des privations et des misères imposées par la guerre. Dans des circonstances plus brillantes comme faits d'armes il a témoigné de sa valeur militaire, aucune ne lui avait offert comme la nuit de Mélégnano l'occasion d'affirmer des qualités plus rares et peut-être plus admirables.

Sa deuxième division était déployée à l'heure prescrite en avant de Balbiano, après avoir culbuté les avant-postes ennemis. — De nombreux tirailleurs abrités sur les versants des routes ou derrière des clôtures devaient être successivement délogés par les nôtres et ne cessaient de semer la mort dans nos têtes de colonne ; le Maréchal impatient de se porter en avant interrogeait fièvreusement sa montre en prêtant l'oreille aux bruits lointains avec l'espoir d'entendre enfin le signal.

Après une heure d'attente il dépêcha des officiers pour avoir des nouvelles du 1er corps. — L'un deux fut chargé de transmettre au commandant en chef la demande du Maréchal de Mac-Mahon de l'autoriser à porter, sans plus de délai, son corps d'armée sur la route de Lodi. — De cette façon, les troupes chargées de défendre Mélégnano étant tournées se seraient repliées en toute hâte sur le corps d'armée de réserve attaqué par nous, et l'armée de Baraguey d'Hilliers franchissait le Lambro sans coup férir pour nous rejoindre.

« Répondez au Maréchal de Mac-Mahon qu'il doit attendre mes ordres ! »

Telle fut la réponse transmise devant nous par le dernier officier envoyé en message auprès du Maréchal.

Mac-Mahon ne fit pas un geste et ne prononça pas une parole, nous imposant à tous le même silence par son attitude si noble et si digne.

Le général Decaen, dont la nature bouillante et fiévreuse s'accommodait mal d'une inaction aussi compromettante pour le succès de l'entreprise, partit au galop dans la direction de ses tirailleurs. A six heures seulement nous entendîmes le premier coup de canon si impatiemment attendu : nos chasseurs prirent aux grandes allures la direction de Malezzano, précédant deux batteries d'artillerie dont les pièces et les caissons couvraient de leur bruit le crépitement de la fusillade lointaine. La nuit arrivait d'autant plus rapidement que de gros nuages menaçants obscurcissaient les dernières lueurs du jour. Nos troupes d'avant-garde avaient déjà pris contact avec l'aile droite du corps Benedeck et toute la Division déployée dans les rizières inondées allait être prochainement engagée, quand éclata un orage terrible ne lui permettant plus d'avancer.

Dans cette obscurité profonde, les éclairs sillonnant le ciel avaient déjà donné lieu à l'une de ces funestes méprises si fréquentes et si redoutables dans les affaires de nuit. Les pantalons de toile des tirailleurs algériens donnant l'illusion des uniformes gris des Autrichiens avaient motivé une fusillade, heureusement de courte durée. Les sonneries de « Halte » et « cessez le feu » retentirent sur toute la ligne par ordre du maréchal de Mac-Mahon. C'est alors qu'il installa lui-même plusieurs batteries tirant à toute volée dans la direction de la route de Lodi.

Cette canonnade qui pût être meurtrière pour les réserves contribua au succès final, ainsi que l'a écrit le général de Roden dans son rapport du lendemain. Le bruit du canon sur leur ligne de retraite jeta la plus grande épouvante parmi les défenseurs de Mélégnano, et précipita le dénouement de ce drame.

Le maréchal fit informer les troupes par leurs chefs de service que la nuit imposait l'obligation de bivouaquer sur place en attendant le jour, et qu'il établissait son quartier général à l'embranchement de trois routes au pied d'une chapelle de la Vierge que signalaient les éclairs. C'est là qu'il a passé la nuit au milieu de ses soldats pour leur donner un inoubliable exemple.

Les routes avec leur boue et leurs flaques d'eau étaient un aussi pitoyable bivouac que les rizières, mais, on y rencontrait quelques maisons promptement envahies par ceux qui avaient la bonne fortune de se trouver dans leur voisinage.

Quand les premières lueurs de l'aurore eurent balayé par places ce qui restait des nuages de la tempête, les officiers appelés par leur service au quartier général ont pu voir et admirer comme moi la grande et noble silhouette de Mac-Mahon profilée sur les bandes orangées du ciel. Un maigre feu de bivouac entretenu par les clairons de service avait suffi pendant toute la nuit à ce maréchal de France plus préoccupé de ses chevaux de pur sang que de lui-même.

Les officiers de son état-major, élevés à une si chevaleresque école, partageaient de grand cœur le stoïcisme de leur chef ; tous avaient comme lui des sentiments assez généreux pour dédaigner les souffrances physiques. Dans cette agglomération si pittoresque de canons, de chevaux et de soldats, l'imposante figure de Mac-Mahon dominait toujours et excitait l'admiration. Les troupiers disaient dans leur langage imagé : « comme le Maréchal marque bien ! » pour nous qui appartenons à l'armée, ces trois mots résument l'appréciation la plus élogieuse que puisse ambitionner un chef.

J'ai désiré mettre sous les yeux des jeunes officiers ces notes intimes de mes souvenirs personnels, dans le but de modifier l'impression qu'ils ont pu conserver en lisant les lignes si froides consacrées au rôle du maréchal de Mac-Mahon dans le combat de Mélégnano. L'auteur anonyme qui a rédigé par ordre la campagne de Napoléon III en Italie n'a certainement consulté que les documents officiels fournis par le maréchal Baraguey d'Hilliers.

Le combat de Mélégnano, dont le souvenir m'a entraîné dans une longue disgression, offre certainement l'un des exemples les plus frappants des conséquences que peut amener l'insuffisance des reconnaissances. En admettant que les opérations d'offensive n'aient pu être précédées d'une étude spéciale du terrain, ce qui n'était pas le cas pour l'affaire du 8 mai, un général se fait toujours éclairer par de la cavalerie ; c'est l'occasion de reprendre les théories du général de Brack sur ce genre de service : il est aussi utile pour un officier de savoir dessiner que de savoir écrire, quelques coups de crayon fixeront ses souvenirs et les traduiront mieux et plus vite que tous les rapports écrits ou verbaux... »

Dans cette circonstance un officier du peloton pouvait mettre pied à terre, s'isoler des cavaliers qui attiraient l'attention de l'ennemi et profiter d'un abri naturel pour représenter par un croquis sommaire le terrain et les obstacles qu'il avait été chargé de reconnaître. De cette façon il eut précisé d'une façon certaine et compréhensible des renseignements toujours trop vagues quand ils sont rapportés de vive voix.

La guerre d'Afrique avait malheureusement trop habitué les généraux de cette époque à dédaigner les obstacles improvisés par les arabes, et ils n'étaient que trop enclins à compter outre mesure sur l'irrésistible entrain de leurs soldats. Les défenses de Mélégnano étaient d'une toute autre nature, et l'aspect d'un croquis établi en quelques minutes en eut peut-être convaincu le brave maréchal qui commandait en chef. Son coup d'œil militaire lui eut certainement suggéré un emploi plus efficace de ces troupes d'élite chargées de l'attaque de front, et il n'eut pas privé l'armée et la France de tant de braves soldats et d'un si grand nombre d'officiers distingués.

Je suis amené à cette conclusion que tous les officiers quelle que soit l'arme à laquelle ils appartiennent doivent savoir dessiner et que nous sommes loin de l'époque où ce genre d'études était considéré comme étant exclusivement du domaine des officiers du corps d'Etat-Major ou du Génie. J'aurai l'occasion de citer à ce propos de nombreux exemples affirmant cette nécessité incontestable.

L'explication de l'éloignement des officiers pour la pratique du dessin pouvait être autrefois fournie par l'insuffisance d'une direction première. Il n'en est plus ainsi, grâce à l'esprit de méthode introduit dans notre enseignement ; tous doivent être convaincus qu'ils sont appelés à rendre d'importants services à la guerre quand même ils n'auraient aucune aptitude spéciale pour le crayonnage.

L'expérience m'a démontré de plus que l'officier envoyé en reconnaissance sur le terrain embrasse trop de choses et trop d'étendue à la fois. Tous ces détails l'épouvantent et le découragent avant qu'il ait commencé. Ce phénomène est l'amplification de celui que nous constatons chaque jour dans nos salles de dessin en présence des chapiteaux Corinthiens si surchargés d'ornements enchevêtrés. Les maîtres sont amenés à rassurer les élèves en les engageant à cligner les yeux pour ne percevoir d'abord que les grandes lignes d'ensemble. Quand leur travail a été décomposé ainsi, ils arrivent par l'exécution de chaque morceau à triompher de cette difficulté qui leur semblait inextricable.

Je propose cette même méthode aux officiers dans l'exécution de leurs panoramas ; chaque dessin sera le fractionnement d'une grande étendue, et à l'aide de l'orientation et du numérotage il constituera un élément d'un panorama aussi grand qu'on voudra. Quand nous entrerons dans les détails d'exécution nous expliquerons que ce genre de travail exige la conservation constante d'une même ligne horizontale et d'une même unité de mesure constituant l'échelle du dessin.

Cette unité de mesure prise dans la nature et répérée par des points bien définis constitue toute la méthode que je préconise pour l'exécution des dessins militaires ; je n'invente rien puisque les Grecs nous donnent la tête de l'homme comme unité de mesure, dans le canon humain, et que de tout temps les architectes ont adopté le module. J'ignore si d'autres l'ont appliquée avant moi dans les représentations des vues perspectives, mais les officiers de ma génération se souviennent que notre enseignement du dessin se bornait à la traduction de motifs restreints, de paysages crayonnés d'après des estampes.

Quant aux moyens indiqués dans tous les cours de topographie pour l'exécution des vues pespectives, ils se résumaient à prendre directement à bras tendu les distances et les élévations à l'aide d'une règle divisée ou d'un carton sur lequel on marquait par un trait les mesures répérées. Celles-ci étaient reportées sur le papier avec un agrandissement convenu des hauteurs et à une échelle déterminée pour les bases.

On commençait par établir de cette façon sur toute l'étendue de la feuille une série de points avant de les relier par les procédés du dessin d'imitation, et ce premier tracé constituait l'ébauche dans laquelle on dessinait ensuite tous les détails. La justesse de ces mesures étant subordonnée à la distance constante de l'œil à l'instrument employé, et de plus à la condition d'une position verticale ou horizontale parfaite, suivant le cas, n'était pas toujours suffisante pour permettre au dessinateur de relier les points et d'achever le dessin à l'aide de la vue.

Ce travail m'a toujours semblé long et pénible même quand les mesures étaient bien prises et je doute qu'elles puissent l'être souvent quand elles sont aussi multipliées. Le bras n'est jamais également tendu, ni l'instrument dans une situation convenable. Quelques officiers employaient pour parer à ces inconvénients un fil tenu dans les dents afin de maintenir l'instrument toujours à la même distance. Ils s'aidaient de même du fil à plomb pour établir la verticale.

La vue perspective devenait impossible pour ceux dont l'ébauche n'était pas bien établie et elle était promptement abandonnée.

Quant aux dessinateurs qui avaient péniblement obtenu un résultat meilleur, ce n'était qu'au prix d'une dépense considérable de temps et d'efforts laissant dans leur esprit un doute justifié que le succès de ce travail fût en rapport avec le but à atteindre. Ces tentatives infructueuses expliquent l'éloignement général des officiers pour un genre de travail dont ils reconnaissent l'utilité, et pourquoi ils ont, en trop grand nombre, abandonné le dessin en se retranchant derrière le paradoxe admis généralement des aptitudes spéciales.

Dans le cours de ma carrière militaire, et particulièrement pendant la guerre d'Italie, j'ai eu presque chaque jour l'occasion d'exécuter des dessins et des vues panoramiques, sans compter ceux que j'ai faits à titre de souvenir, par exemple le croquis des voltigeurs de la garde campés le 25 juin dans un ancien couvent à Cavriana (*fig.* 19). Ces soldats formaient la garde d'honneur de l'Empereur qui a couché le soir même de la bataille dans la chambre abandonnée par François-Joseph.

Mon général étant un adepte convaincu de ce complément des cartes, me confiait souvent l'importante mission d'accompagner ses reconnaissances et de lui rapporter des vues perspectives du terrain qu'aurait à parcourir sa division.

Cette lourde responsabilité m'a conduit à la recherche des moyens les plus rapides et les plus sommaires pour l'exécution de ce

Fig. 19. — Campagne d'Italie. — Dans un ancien couvent à Cavriana (25 juin 1859).

travail exigeant aussi une grande justesse, c'est ainsi que je suis arrivé à repousser tous les instruments dits de précision qui, ne la donnant pas toujours, nécessitent une dépense de temps et motivent des préoccupations d'esprit et d'observation étrangères au but que se propose un officier.

L'œil exercé et guidé par des mesures comparatives prises dans la nature est le plus parfait de tous les instruments et surtout le seul pratique ; à ceux qui objecteraient que les appréciations de l'œil ne sont du domaine que d'un petit nombre, je répondrai que l'exercice et la volonté développeront cette qualité chez tous ceux qui se croient le moins doués et que d'ailleurs ils ont probablement, beaucoup plus qu'ils ne le pensent, la perception des rapports de dimensions.

Je suis autorisé à le dire à la suite de l'expérience que j'en ai faite avec les officiers de l'école de guerre. Beaucoup d'entre eux, doutant d'eux-mêmes en raison de leur insuccès dans les écoles, n'osaient pas dessiner et groupés autour de moi se contentaient de suivre mon travail.

Conformément à mon principe d'enseignement j'énumerais à haute voix mes appréciations sur les distances et sur les hauteurs rapportées aux unités de mesure. Souvent, j'attendais leur avis avant de me prononcer, et la plupart du temps il était absolument conforme au mien. Il m'est permis d'ajouter que ces mêmes officiers, détrompés sur leurs idées préconçues et entraînés par la simplicité des moyens, ont enfin pris le crayon dont ils se servent aujourd'hui très habilement au point de vue militaire, sans aucune prétention artistique.

Ils se sont familiarisés avec l'emploi de la craie et des crayons de couleurs qui leur donnaient primitivement l'illusion de sortes de pastels visant à l'effet ; l'expérience leur ayant démontré qu'ils n'ont pour but que d'écrire plus vite et plus lisiblement les accidents de la nature.

Je pourrais citer parmi eux des capitaines d'artillerie et du génie qui, absolument insouciants du dessin à l'école Polytechnique en présence du « *Singe* », sont devenus des adeptes fervents des vues perspectives, au point d'en exécuter dans tous leurs exercices pendant les voyages.

Ce que j'écrirai au point de vue technique ne peut être qu'un canevas susceptible de développement par la pratique. Il me semble impossible de tout dire sur cette matière et de prévoir tous les cas qui peuvent se présenter. Mes rapports constants avec des jeunes gens instruits et intelligents m'ont prouvé qu'ils devinent beaucoup de choses à l'aide du peu qu'on leur a enseigné, de même qu'il est inutile de leur parler de science. Tous en ont beaucoup, mais ils ne sont pas également familiarisés avec son application en ce qui concerne le dessin. — Pour cette raison il est indispensable avant de les mettre devant la nature de rappeler pour mémoire quelques principes fondamentaux qui leur ont été donnés.

Nous admettons que nous regardons les objets à représenter à travers un plan de verre sur lequel nous pourrions suivre avec la pointe d'un crayon leur configuration.

Ce plan est notre Tableau et nous le supposons perpendiculaire à l'axe optique.

Cet axe qui part de l'œil s'appelle le *rayon principal*, il va percer le plan du tableau en un point qui se nomme aussi « *le point principal* », et divise en deux parties égales l'angle visuel.

Tous les rayons visuels dirigés sur les objets à représenter vont percer le plan du Tableau en des points que nous appelons perspectifs et leur réunion constitue le tracé perspectif.

La définition des parallèles et celle des perspectives donnent sommairement la démonstration du théorème fondamental de la perspective linéaire : « Les perspectives de toutes les lignes parallèles entre elles et dirigées dans le même sens, mais non parallèles au plan du tableau, vont concourir en un même point du tableau. » En effet, pour avoir les perspectives de deux ou d'un nombre quelconque de droites parallèles entre elles, mais perçant le plan du tableau, il suffit de joindre ces points de rencontre à un autre point de chacune d'elles déterminé par un rayon visuel.

Les parallèles se rencontrant à l'infini, le rayon visuel mené parallèlement à ces lignes les rencontrera à leur point de jonction à l'infini et déterminera sur le tableau un point perspectif appartenant à chacune de ces lignes.

En le joignant aux points perspectifs déjà trouvés nous aurons les lignes perspectives de ces parallèles.

Donc ce point sera le point de concours de toutes les lignes parallèles perçant le plan du tableau.

Les perspectives des lignes parallèles entre elles et au plan du tableau leur sont parallèles.

Dans le cas particulier où les lignes parallèles perçant le tableau sont horizontales, la ligne d'horizon devient le lieu de tous les points de concours des horizontales dirigées dans le même sens et perçant le plan du tableau.

Le point principal est le point de fuite de toutes les perpendiculaires au plan du tableau.

Il arrive souvent dans la pratique, quand les lignes de fuite sont peu sensibles pour l'œil des spectateurs que celui-ci hésite pour la direction des fuites. Il suffit de chercher, par exemple, dans une maison à mettre en perspective l'arête la plus voisine de l'œil, il n'y aura plus aucun doute sur les plans fuyants.

Le point d'où le dessinateur regarde s'appelle le point de vue.

La distance qui le sépare du tableau est déterminée par l'obligation de considérer les objets sans tourner ou lever la tête. L'angle optique ne peut être supérieur dans ce cas à 60 grades ou 54 degrés, et la distance du spectateur au tableau est égale à la base limitée par les rayons extrêmes.

D'un autre côté la vision est d'autant plus distincte que les rayons extrêmes se rapprochent davantage du rayon principal. Le spectateur peut se placer favorablement en adoptant un angle de 28°.

Cette règle donnée pour la distance subordonnée à l'angle optique se résume ainsi :

Le dessinateur doit toujours se placer à une distance de son tableau variant entre une fois et trois fois la dimension des plus grands objets à représenter, c'est-à-dire des objets de premier plan.

Nous devons noter aussi des points éloignés du point principal d'une distance égale à celle qui sépare l'œil du tableau. Ces points situés à droite et à gauche du point principal sont appelés points de distance. Ils sont évidemment les points de concours de toutes les horizontales à 45°.

Il est nécessaire d'utiliser ces derniers renseignements sur les considérations relatives à l'angle optique, à la distance et aux points de distance, dans toutes les occasions où il sera possible à l'officier de s'y conformer.

Cependant les nécessités absolues imposées aux artistes à cet égard ne sont pas applicables avec la même rigueur, on peut ajouter que dans maintes circonstances un peintre est obligé de se supposer à la distance prescrite et de modifier en conséquence l'application des règles de la perspective. Les préoccupations de cette nature sont d'un ordre très secondaire pour les officiers ; nous avons dit déjà qu'ils supprimeront ou amorceront seulement les premiers plans gênants ou encombrants, et il peut leur être le plus souvent nécessaire de traduire le terrain à partir de leurs pieds.

Quant aux questions du tableau, la seule qu'il nous importe de retenir rigoureusement c'est que nous considérerons toujours des tableaux perpendiculaires à la direction de l'axe optique ; par conséquent le bord supérieur de notre feuille, la direction de nos épaules et la base du tableau que nous supposons horizontale resteront parallèles.

Nous aurons le plus souvent une infinité de tableaux juxtaposés, orientés et numérotés qui seront de préférence limités par un même angle optique.

Dans le cas où le terrain se déroule devant nos yeux dans une même direction jugée parallèle à la ligne de nos épaules, et en admettant que nous sommes placés nous-mêmes sur un terrain sensiblement horizontal, nous pourrons changer notre point de vue en nous prolongeant de quelques mètres parallèlement à la base. Quand nous serons amenés à faire un mouvement d'épaule pour dessiner nous prendrons un autre point de vue et un nouveau plan de tableau, et nous indiquerons dans le haut de la feuille l'angle que nous venons de faire avec l'aiguille aimantée. Nous agirons de même dans tous les cas d'un déplacement de point de vue qui ne devra jamais entraîner celui de la ligne d'horizon primitivement observée. La détermination de cette ligne une fois faite et repérée dans la nature par des recoupements devra être conservée ; il en est de même pour la ligne horizontale de base.

Lorsque nous dessinons dans les salles des motifs d'architecture, il est nécessaire que chaque élève détermine le plus exactement possible la ligne d'horizon qui lui donne seule le moyen d'apprécier la fuite des horizontales dans la direction des points de concours. Le dessinateur doit dans ce cas s'asseoir droit sans lever ni baisser la tête et chercher l'intersection du plan horizontal qui passe par l'œil avec les objets à représenter. Tous les moyens préconisés pour cette détermination seront bons à employer car il est nécessaire que la ligne trouvée ainsi se rapproche assez de la ligne d'horizon mathématique pour que l'œil perçoive d'une façon presque rigoureuse les déformations dues à la perspective.

L'élève doit toujours pouvoir retrouver la position dans laquelle il a déterminé la ligne d'horizon et la reprendre quand il veut apprécier les fuites des lignes ; il doit observer de même les règles prescrites relativement à la distance qui le sépare du tableau, etc., toutes choses qu'il n'est pas nécessaire de rappeler ici

En dessinant des vues perspectives et des panoramas, les officiers devront se souvenir de tout ce qu'ils ont appris dans les cours de dessin, mais en apportant dans l'exécution de leurs travaux quelques modifications dues à des nécessités nouvelles

Dans certains cas, la détermination précise de la ligne d'horizon occasionnant une perte de temps préjudiciable à leur travail, ils se contenteront de l'emplacement approximativement indiqué par l'aspect du terrain, et mesureront les distances sur une ligne horizontale de base toujours facile à déterminer. La distance de cette ligne à la ligne d'horizon observée pourra être notée dans le haut de la page où sont inscrits les renseignements, mais, aucune ligne ne sera tracée dans le dessin qu'il faut éviter de surcharger. Quand la ligne d'horizon est mal définie dans la brume, ce qui arrive souvent si l'on dessine d'un point élevé, il faut prendre dans son voisinage une ligne horizontale de base mieux répérée que nous considérerons comme la ligne d'horizon, en observant que ces deux lignes soient assez rapprochées pour ne pas entraîner d'erreur appréciable dans la représentation du terrain et le concours des lignes horizontales fuyantes. — Nous éviterons le plus possible de tracer dans le dessin des lignes inutiles, en nous servant de celles qui sont bien définies dans la nature. Les annotations et au besoin des lignes amorcées dans la partie supérieure de la feuille fixeront nos souvenirs. — En résumé, il est nécessaire dans l'exécution d'un panorama d'employer tous les moyens permettant de dessiner rapidement et d'éviter des tracés inutiles. — Pour la ligne d'horizon, le problème est résolu quand le dessinateur a clairement indiqué son point de vue, car un panorama n'est pas une épure.

CHAPITRE IV

Des reconnaissances et des dessins établis en cheminant. — Exemple pris pendant la Campagne d'Italie en 1859. — La veille de la bataille, le 23 juin, un bataillon du 2e zouaves (commandant Maurand), a suivi les crêtes jusqu'au pied de la tour de Solférino. — Dessins rapportés de cette reconnaissance. — L'opinion du commandant sur la possibilité d'un retour offensif de la part des Autrichiens. — Son rapport et sa demande. — Conviction malheureuse de la retraite de l'ennemi au delà du Mincio. — Funeste contre-ordre arrivé pendant la nuit du 23. — Le 2e Corps ne suit pas les crêtes. — Quelques renseignements généraux pour l'exécution des dessins dans des stations successives. — De l'importance des fossés. — Charge d'un escadron Hongrois. — Une vue perspective sur le Mont Grole. — Croquis du terrain parcouru. — Vue prise sur le Mont des Cyprès. — Le cimetière. — La tour de Solférino.

Dans des cas fréquents, un officier aura pour mission de reconnaître le terrain sur lequel une troupe devra s'engager. Alors il sera obligé d'en parcourir une certaine étendue en se dirigeant à l'aide de la carte qu'il aura à compléter par ses renseignements.

Le moyen le plus efficace à employer sera de choisir un certain nombre de stations d'où il sera possible de dessiner l'aspect du pays environnant en même temps que les accidents intéressants qu'il a pu rencontrer.

L'officier chargé de ce service sera le plus souvent à cheval, quelquefois à pied ; dans les deux hypothèses, il pourra toujours indiquer sur chaque dessin à quelle distance sa dernière station se trouve de la précédente, puisqu'il a eu soin de noter l'heure précise du départ et celle de l'arrivée. J'admets qu'il sait parfaitement combien son cheval parcourt de mètres en une minute aux différentes allures, et qu'il a aussi étalonné son propre pas. — Cependant, dans les terrains accidentés l'appréciation des distances entre les stations ne peut être donnée, même approximativement, que par l'observation de l'officier et le secours de la carte.

La campagne d'Italie en 1859, offre un exemple d'un cheminement sur des crêtes posant au dessinateur le double problème de reconnaître le terrain parcouru et de dessiner aussi les panoramas observés de certains points des crêtes sur lesquelles il chemine.

Je veux parler d'une reconnaissance exécutée sur les hauteurs de Solférino par un bataillon du 2e Régiment de zouaves, sous les ordres d'un intrépide et intelligent officier le commandant Maurand, pendant la matinée du 23 juin. Le général Decaen m'a confié le même jour la mission de faire des croquis du terrain parcouru et des vues perspectives aussi étendues que possible. — Il est peut-être intéressant pour des officiers d'apprendre, de la bouche de l'un des acteurs que cette reconnaissance a eu lieu, car les documents officiels de la Campagne ne la relatent que d'une façon sommaire, en insistant sur ce fait que la grand'garde du commandant Maurand du 2e zouaves et une vedette Piémontaise ont arrêté les officiers envoyés par Baraguey d'Hilliers pour reconnaître les routes à la tombée de la nuit du 23.

D'après les renseignements fournis par les espions au commandant, « on peut évaluer à 5 ou 6 000 hommes la force ennemie établie au village de Solférino, éclairée elle-même par de nombreuses vedettes de Uhlans. »

Cette version fut confirmée à l'un de ces officiers ayant rencontré un éclaireur de l'armée du roi.

Le document officiel ajoute que ces reconnaissances ont été envoyées dans la soirée du 23 et que ces renseignements datent d'une heure déjà avancée de la nuit.

Le fait mérite d'être expliqué, de même qu'il est nécessaire de dire pourquoi le général commandant la 2e division du 2e corps avait été amené à pousser une reconnaissance sur les crêtes de Solférino suivies le lendemain par la 1re Division du corps Baraguey d'Hilliers.

Le 2e corps (Mac-Mahon), après avoir franchi la Chiése le 21, a campé au Nord de Montechiaro, et le lendemain 22 dans la matinée au Sud de Castiglione. — C'est là seulement que les bagages ont rejoint les troupes, ce qui démontre qu'on ne s'attendait plus à la bataille imminente des jours précédents.

Même après le passage de la Chiése par notre corps d'armée d'avant-garde, les ordres les plus sévères avaient été donnés pour parquer les convois en deçà de la Chiése. — J'ai ces souvenirs si présents que je me rappelle la légitime colère de mon général à la vue de son fourgon dans la cour de notre bivouac à Montechiaro. — Un prévot avait cru pouvoir ne pas comprendre cette voiture dans la mesure générale, mais cette complaisance fut payée par une admonestation sévère que je fus chargé de lui transmettre au moment où le fourgon fut reconduit au parc.

A Castiglione nous étions informés que l'armée Autrichienne avait abandonné ce champ de bataille probable si propice pour le déploiement de sa cavalerie et s'était entièrement concentrée au delà du Mincio. — Si peu compréhensible que fut ce mouvement de recul au delà d'un terrain étudié chaque année pendant les manœuvres, et des hauteurs inexpugnables servant de point d'appui à ses opérations, il était affirmé et la bataille ajournée. Le 2e corps perdit deux jours à Castiglione au pied de ces crêtes qui devaient nous coûter tant de sang. Les mouvements de concentration nécessitaient sans doute ce temps d'arrêt fatal, car les ordres de marche n'étaient annoncés que pour le 24 au matin.

D'après les premiers avis, la 2e Division du 2e corps prendrait la direction de Cavriana en suivant les hauteurs de Castiglione qui passent par Solférino. — C'est pour cette raison que le bataillon du 2e zouaves reçut l'ordre de pousser une reconnaissanec jusqu'au pied de la Tour surnommée l'Espionne de la Lombardie.

A ce moment de la journée du 23, vers 10 heures, le corps Baraguey d'Hilliers franchissait la Chiése pour se rendre à Esenta afin de relier les troupes du roi à l'armée Française. Les Piémontais occupaient les hauteurs au N. d'Esenta quand les têtes de colonne du 1er corps y parvinrent à une heure déjà avancée de la journée. — Telle est aussi l'explication de l'envoi si tardif des reconnaissances de Baraguey d'Hilliers. — Nous avons dit quels renseignements elles recueillirent en chemin.

Ce qu'il importe d'établir, c'est que la reconnaissance du commandant Maurand a cheminé dans la matinée du 23, par La Fontaine, le Grole et le mont des Cyprès jusqu'au pied de la Tour de Solférino où le 2e zouaves a fait le café. Quand les premières brumes du matin ont été dissipées, on distinguait assez clairement les hauteurs boisées qui dominent le cours du Mincio dans les environs de Mozzambano. Nous n'avons pas aperçu une seule vedette, et aucun feu de bivouac mal éteint n'indiquait par sa fumée que des troupes eussent passé la nuit en avant de la rivière. Les renseignements fournis par les habitants confirmaient ces appréciations que l'Armée Autrichienne était tout entière au delà du Mincio.

Cependant les positions formidables que nous venions de parcourir, les obstacles créés par des murs séparant les cultures, ceux qui entouraient le cimetière, les flanquements mal définis par les Cartes étaient de nature à préoccuper le commandant de la reconnaissance. Son intelligence militaire se refusait à comprendre comment les Autrichiens avaient abandonné ces crêtes inexpugnables sur lesquelles nous trouvions parfois les vestiges d'épaulements élevés pendant les manœuvres. Quelques heures auraient suffi pour les transformer en de véritables ouvrages de campagne dont l'utilité avait été signalée déjà sur ce terrain d'étude.

Cet officier distingué eut en ce moment l'intuition des conséquences si graves que pourrait entraîner la réoccupation inopinée de ces crêtes ; si improbable qu'elle parut, elle était encore possible puisque les armées alliées ne devaient exécuter que le lendemain leur mouvement en avant. C'est en ce sens qu'il rendit verbalement compte de sa mission au moment où je présentais les croquis exécutés pendant la reconnaissance.

Il a demandé l'autorisation d'aller camper au pied de la Tour sur le piton que nous venions de quitter, en insistant sur ce fait que dans le cas à prévoir d'un retour offensif de l'ennemi, il serait bien difficile de l'en déloger. — Malheureusement cette proposition d'établissement d'une grand'garde à si grande distance de Castiglione impliquait un mouvement immédiat du Corps d'armée ou tout au moins de la division qui ne pouvait laisser un bataillon à pareille distance des soutiens. — Il était nécessaire d'occuper les crêtes et de rompre l'ordre de concentration des corps d'armée imposé par le commandant en chef pour la marche en avant sur le Mincio. — Dans tous les cas aucune décision ne pouvait être prise sans l'approbation de l'Empereur qui venait d'arriver à Montéchiaro avec la Garde. Il était en ce moment près de midi, ce qui impliquait qu'aucun mouvement ne pourrait être commencé que dans la soirée.

D'ailleurs, ainsi que je l'ai dit en m'appuyant sur mes souvenirs personnels concordant sur ce point avec les documents officiels, l'idée généralement accréditée était que les Autrichiens s'étaient définitivement retirés derrière le Mincio pour nous en disputer le passage.

Leurs graves insuccès pendant cette campagne les avaient peut-être engagés à nous céder le terrain jusqu'au quadrilatère dont ils nous disputeraient l'entrée, en s'appuyant sur leurs places fortes leur présentant une ligne de retraite sûre dont les Autrichiens se préoccupent toujours avant d'engager une action. — Pour ce motif il était improbable qu'ils eussent conçu le plan de venir nous attaquer, ayant un fleuve à dos, surtout après avoir abandonné le classique champ de bataille de la Chiése.

Cependant le général Decaen était très favorable à la proposition émise par le commandant Maurand et formula son opinion dans ce sens ; le lendemain de la bataille le commandant était fait officier de la légion d'honneur, et je puis dire que cette distinction fut particulièrement accentuée en souvenir de son intelligente et audacieuse initiative. — Mon général l'inscrivit le premier sur la liste des officiers à récompenser, avec une annotation des plus flatteuses en regard de son nom. Ce n'était pas un petit honneur, — celui de marcher en tête de cette phalange de braves, s'étant particulièrement distingués à Solférino, mais il était bien mérité par cet officier joignant à ses qualités de bravoure et d'énergie celle plus rare de concevoir, d'après l'étude du terrain, l'inspiration qui distingue les grands Capitaines.

Quoique la grand'garde du 2e zouaves eut été maintenue à la distance réglementaire, c'est elle qui put prévenir de l'occupation de Solférino par les Autrichiens ainsi que de la ferme de San Morino dans la soirée du 23. Les prévisions du commandant Maurand recevaient bien malheureusement leur réalisation. Malgré ce fait évident, les doutes existaient encore à cette heure avancée de la soirée, et l'on persistait à attribuer ces mouvements de troupes à de fortes reconnaissances facilement explicables. Les Autrichiens avaient en effet un grand intérêt à surveiller notre marche pouvant les renseigner sur le point de passage que l'armée française avait choisi pour franchir le Mincio. L'occupation de Médole signalée pendant la nuit ne modifia pas davantage les idées accréditées d'une façon à peu près générale, et l'on crut à une forte reconnaissance.

Les ordres de marche pour le lendemain nous parvinrent vers onze heures du soir du quartier général de l'empereur, — conformément aux habitudes prises pendant toute la campagne d'Italie Ils prescrivaient, contrairement à nos prévisions, que le Corps Mac-Mahon suivrait la grand'route de Castiglione à Mantoue pour se rendre à Cavriana en passant par San Cassiano au Sud-Est de Solférino. Le bourg de Cavriana est situé à 9 kilomètres au S. E. de Castiglione et à 5 kilomètres au N. de Gudizzolo. Le 2e Corps devait se mettre en marche à deux heures du matin et évacuer au plus vite Castiglione que devait traverser l'une des colonnes de Baraguey d'Hilliers pour suivre la route qui contourne les hauteurs pendant qu'une autre colonne de ce Corps d'armée suivrait les crêtes jusqu'à Solférino.

Ce contre-ordre, apporté à la dernière heure aux dispositions arrêtées la veille, mettait à néant les renseignements et les croquis recueillis pendant la reconnaissance du 2e zouaves. — Le départ précipité et la rencontre inopinée de l'ennemi à quelques kilomètres de Castiglione ne permirent pas de les transmettre au commandant du 1er Corps qui en aurait eu si grand besoin. — Ainsi que nous l'avons dit, ses éclaireurs envoyés trop tard dans la soirée du 23 étaient arrivés après l'occupation de Solférino, d'où les Autrichiens avaient poussé des vedettes à quelques kilomètres de Castiglione.

Les ouvrages officiels expliquent à quel point les renseignements manquaient au commandant du 1er Corps.

« Le maréchal Baraguey d'Hilliers, désireux de reconnaître le pays avant de prendre ses dispositions, marchait à environ 500 mètres en avant de la division Forey, précédé seulement de quatre cavaliers avec un brigadier, et suivi de quatre cavaliers d'escorte. — Il donna de sa personne dans des avant-postes Autrichiens. Accueilli tout à coup par une décharge de tirailleurs embusqués derrière les bouquets de bois et les vignes, le maréchal veut continuer de pousser en avant; mais, une seconde décharge l'oblige à rallier la tête de la division Forey. » Celle-ci s'avançait dans l'inconnu sur ces hauteurs dont les défenses formidables avaient justement frappé le commandant Maurand.

Les têtes de colonnes de la 2me division du corps de Mac-Mahon étaient arrêtées à quelques kilomètres de Castiglione par une grand'garde Autrichienne établie à la Casa Morino qu'il fallut enlever.

C'est alors que nous avons vu le Maréchal se porter à fond de train sur le mont Medolano, position très favorable pour l'observation et qui n'est en réalité qu'un mamelon peu étendu, au sud de la route, à peu de distance de la Casa Morini. — Comme toujours, son cheval de pur sang franchissant les fossés et les haies laissait loin derrière lui Etat-Major et escorte ; du sommet du piton le général arrêtait l'élan des cavaliers en leur faisant signe de ne pas le rejoindre sur cet observatoire.

Le résultat de son examen ne lui laissait plus aucun doute sur la bataille qui se préparait. — En ce moment, le soleil levant faisait briller par instants les canons de fusil des troupes en marche sur tous les sentiers de ces crêtes où elles allaient prendre position. Nous voyions scintiller dans toutes les directions les armes que ne pouvaient dissimuler entièrement les courtes haies, les broussailles et les champs de vignes ou de mûriers.

Il était certain maintenant que toute l'armée Autrichienne était en marche pour nous attaquer et que nous l'avions devancée de quelques heures seulement ; de ce choc allait surgir l'un des grands épisodes des guerres modernes, où l'avantage semblait acquis à l'armée opérant sur un terrain connu d'elle dans ses moindres replis et présentant des obstacles réputés à juste titre pour insurmontables.

La fusillade devant la Casa Morini fut suivie de près par celle du 1er corps en contact avec les avant-postes de l'armée ennemie. — La bataille était engagée trois heures plus tôt que ne l'avaient prévu les Autrichiens.

L'examen de la carte indique une succession de collines s'étendant comme un grand arc de cercle depuis le lac de Garde jusqu'à Volta où viennent se rattacher les hauteurs qui dominent la rive droite du Mincio jusqu'à Peschiera.

Dans cette zone limitée par le lac de Garde nous trouvons encore des mouvements de terrains se reliant aux massifs montagneux et au lac par des pentes douces, et contrastant avec les flancs abruptes des monts avoisinant Solférino. — Ceux-ci présentent des contreforts enchevêtrés les uns dans les autres comme les vagues de la mer resserrée par des côtes voisines. — Quelques-uns descendent à pic sur les vallées et particulièrement dans la portion qui s'étend au sud du grand arc de cercle montagneux.

Là se trouve une vaste plaine couverte de mûriers, de vignes, de maïs, où la carte ne présente aucun mouvement de terrain remarquable en dehors du mont Médolano. — C'est là que passe au nord de Médole la Grand'route de Castiglione à Mantoue suivie par le 2e corps le 24 Juin.

Dans la matinée du 23, l'aréonaute Godard ayant reçu l'ordre de l'empereur de se rendre à Castiglione, devait opérer une ascension devant le Maréchal de Mac-Mahon pour observer cette partie du pays, surtout dans la direction de Médole et du Mincio. Elle eut lieu en effet vers neuf heures pendant la reconnaissance du 2ᵉ zouaves sur les crêtes de Solférino.

Cet aréonaute déclara que, malgré une observation très attentive du terrain qui se développait au-dessous de lui, il n'avait découvert que trois cavaliers en avant de Guidizzolo.

Cette affirmation ne fut pas étrangère à la façon dont on accueillit au quartier général l'opinion du commandant Maurand sur la possibilité d'un retour offensif de l'ennemi. — On était si convaincu que la bataille serait livrée aux environs du Mincio qu'on ne jugea pas d'autres ascensions nécessaires.

Le fait de la concentration de l'ennemi derrière le Mincio semblait acquis. — Les vastes terrains avoisinant cette rivière étaient également étudiés depuis longues années pendant les manœuvres de l'armée Autrichienne.

L'ascension de M. Godard présentait un grand intérêt au point de vue de l'observation générale du pays et des mouvements de troupes qu'il pouvait y constater, mais elle n'en pouvait offrir aucun relativement à l'étude des hauteurs de Solférino et de Cavriana, ni donner l'idée des obstacles que l'assaillant devait y rencontrer. En effet à de si grandes hauteurs, les observations en ballon n'amplifient pas beaucoup les renseignements donnés par la planimétrie. — Quant aux accidents de terrain, ils finissent par disparaître et donnent l'idée fausse d'aplanissements complets.

Aujourd'hui surtout, en raison des armes à longue portée, on ne pourra utiliser les ballons qu'en se plaçant au delà des trajectoires possibles, ce qui veut dire à une si grande élévation que les renseignements seront limités aux concentrations et aux mouvements des troupes ennemies masquées par des hauteurs ou des bois. — Je ne leur attribue aucun autre rôle utile dans le service des reconnaissances, mais je m'empresse d'ajouter que je le trouve très important, à la condition que l'aréonaute soit accompagné par un officier prenant des notes militaires écrites et dessinées sur son calepin où il retrouvera le souvenir de ses observations.

Dans ce cas, cette mission ne pourra être confiée qu'à un officier assez exercé au dessin pour suppléer par son œil à toutes les règles admises, et capable d'établir un croquis à vol d'oiseau. Celui-ci ne sera qu'un canevas ne présentant pas la précision des vues ordinaires.

Les reconnaissances en cheminant sur des crêtes ont pour but principal de reconnaître les routes que suivront les colonnes, les ravins qui les coupent, les escarpements et les pentes ainsi que tous les accidents naturels ou artificiels qu'on pourra rencontrer. — Elle comporte aussi dans la plupart des cas les panoramas observés de différents points importants.

Cependant l'officier devra apprécier l'opportunité d'étendre son travail ou de le limiter à la représentation du terrain qu'il est chargé de reconnaître. Dans ce dernier cas, les vues perspectives deviendront une série de croquis rapidement exécutés et destinés à être annotés de souvenirs, sans aucune préoccupation d'échelle d'une station à l'autre et semblables souvent aux croquis exécutés comme canevas de la planimétrie. Les mouvements de terrain seront traduits au besoin par des courbes et les ravins figurés de même. Ce travail très rapide pourrait être exécuté à cheval, mais, si le dessinateur n'y trouve pas d'autre intérêt qu'une économie de temps, il fera bien de mettre pied à terre, l'expérience ayant démontré qu'il est très difficile et le plus souvent impossible de dessiner en ne quittant pas la selle, en raison des mouvements de l'animal même très tranquille.

Le moyen le plus pratique est de dessiner debout devant son cheval, après avoir passé la bride dans l'avant-bras, il est à la fois le plus rapide et le plus sûr, à moins de le faire tenir, mais dans la plupart des circonstances, l'officier n'aura aucun aide, car ce genre de travail ne doit pas éveiller l'attention des vedettes et il fera bien de ne pas se faire accompagner.

Sur les hauteurs de Solférino je profitais le plus souvent des haltes des zouaves, ce qui me permettait de n'avoir pas le souci de mon cheval, j'utilisais même leur présence pour établir d'une façon plus évidente les mouvements de terrain descendant, à l'échelle de mon dessin.

J'ai conservé quelques vues perspectives établies hâtivement pendant cette reconnaissance de deux heures : Je me suis mis en station sur le Grole, parallèlement au lac de Garde et sur le mont du Cyprès en face de la tour de Solférino. — Celles qui regardaient les parties opposées ayant pu être utilisées, ne sont plus en ma possession. — Elles ne présentaient d'ailleurs qu'un intérêt tout à fait limité puisqu'elles reproduisaient un terrain plat dans la direction de Médole et quelques routes assez rapprochées des crêtes pour être aperçues. Cependant, il m'avait été possible d'y figurer des fossés creusés assez profondément par de petits torrents descendant des collines de Solférino. Quelques-uns ont beaucoup gêné des deux côtés les mouvements et les charges de cavalerie.

D'autres nous ont servi à masquer de nombreux tirailleurs postés en avant pour surveiller les escadrons Autrichiens qui manœuvraient dans la plaine.

La 2e division du 2e corps étant formée en carrés par échelons, le 11e bataillon de chasseurs (commandant Dumont) était en tête de la colonne. Il a utilisé fort habilement un champ de maïs et de hautes herbes précédé à une certaine distance d'un fossé où s'abritaient ses nombreux tirailleurs. Ce premier carré de chasseurs couchés à plat ventre était absolument invisible pour l'ennemi qui ne pouvait apercevoir non plus les tirailleurs ayant reçu l'ordre de se dissimuler de leur mieux et de ne pas tirer.

Deux escadrons de hussards Hongrois tombèrent dans ce piège en poussant une charge à fond sur un carré plus éloigné, mais distinctement aperçu.

Les chasseurs invisibles se relevèrent inopinément et les décimèrent par un feu à bout portant. Les survivants de ce désastre durent franchir de nouveau pour la retraite le fossé hérissé cette fois de carabines qui les achevèrent. Un jeune colonel Hongrois commandant la charge, y trouva l'un des premiers une mort glorieuse. — Ayant eu la mission de recueillir sur lui ses papiers pouvant avoir un intérêt militaire, j'ai trouvé en même temps une tendre et touchante correspondance avec sa femme à qui nous avons fait parvenir peu de jours après ces précieuses reliques. — Le fait de cette charge désastreuse pour l'ennemi démontre combien les fossés et les abris qui peuvent masquer des troupes présentent d'intérêt à la guerre. — Il est donc nécessaire de les indiquer dans les vues perspectives afin qu'ils puissent être utilisés ou évités à propos et dans tout les cas de renseigner le commandement sur les difficultés qu'ils peuvent présenter à la cavalerie.

Ces détails de terrain et beaucoup d'autres n'échapperont jamais à l'officier exercé par le dessin à regarder avec une attention dont il ne peut plus se départir, quand même il n'aurait pas le crayon à la main. — Ils ont pu passer inaperçus pour les cavaliers envoyés la veille dans la plaine de Médole en éclaireurs et dont la mission était limitée à signaler la présence de l'ennemi. Si l'officier qui les commandait avait été l'officier de cavalerie habitué à dessiner comme le voulait le général de Brack, il n'aurait eu aucun besoin de traverser ces fossés pour en constater l'existence sur certains points. — Il l'eut relatée dans son rapport et évité de cette façon les surprises du lendemain.

En longeant des vignes que nous avons rencontrées entre San Cassiano et le mont Fontana, il eut remarqué de gros fils de fer reliant entre eux des piquets destinés à soutenir les ceps de vigne, et présentant avec les branches enchevêtrées des obstacles qui ont rendu impossible en cet endroit l'action de la cavalerie. Ils ont gêné sans l'entraver le mouvement de notre Artillerie qui, s'étant rapidement ouvert un passage suffisant, a pu franchir ces obstables. Nos canons tiraient déjà sur le mont Fontana au moment où débouchaient sur leurs flancs les colonnes d'assaut.

Dans le croquis d'Oupa village Tartare, (*fig.* 20). Les chasseurs d'Afrique exécutent un fourrage au sec sous la protection de l'infanterie ; là ne se bornait pas leur service en Crimée où ils se sont montrés comme partout d'intrépides et audacieux soldats, mais de nos jours la cavalerie étant destinée à éclairer à de grandes distances les troupes en marche, le rôle de l'officier de cette arme comportera tous les renseignements résultant de l'observation du terrain. L'habitude du dessin, impliquant une grande précision de coup d'œil en assurera seule l'efficacité ; qu'il note ou non sur un calepin ce qui l'a frappé, il en conservera l'impression perçue ; il est évident qu'il aura toujours intérêt à tracer quelques lignes faisant vibrer dans ses souvenirs les moindres détails.

A l'appui de cette théorie sur la nécessité de développer par le dessin le coup d'œil et l'esprit d'observation de l'officier, je citerai le fait suivant que m'a raconté un capitaine d'artillerie à son retour du Tonkin.

« Le général chargé de réoccuper Langson comptait dans sa colonne trois officiers, dont j'étais, ayant pénétré dans cette ville lors de la première expédition ; il nous demanda entre autres renseignements si il existait des fossés en avant des palissades de bambous, aucun de nous ne put s'en souvenir ; cet incident, inoubliable pour moi, m'a démontré que nous regardons généralement très superficiellement le terrain parcouru. Un officier dessinateur aurait probablement fait des croquis de ces lieux intéressants, et quand même il n'aurait pas dessiné, il eut observé avec plus d'attention que nous ne l'avions fait nous-mêmes. »

Fig. 20.— Oupa.— Opération de fourrage au sec par les chasseurs d'Afrique, soutenus par le 43e de ligne (Crimée, octobre 1855).

Depuis ce jour, ajouta-t-il, j'ai été convaincu de la nécessité du dessin et je m'y suis beaucoup exercé.

Ce capitaine, détaché pendant peu de temps comme inspecteur des études à l'Ecole Polytechnique, est retourné au Tonkin, où son grand savoir doublé de qualités militaires exceptionnelles l'appelle à rendre d'importants services.

Nous allons remonter sur les hauteurs de Solférino et examiner ensemble deux des dessins qui ont été exécutés pendant la reconnaissance du 23 juin.

La vue perspective que je vous présente a été établie sur le point culminant du mont Grole à environ 2 kilomètres de Castiglione, et à 20 mètres S. O. de la route qui suit les hauteurs de Castiglione à Solférino (*fig.* 21).

Il m'a semblé intéressant de me placer face au lac de Garde pour donner l'aspect des positions occupées par l'armée Sarde et des routes qu'elle aurait à suivre pour

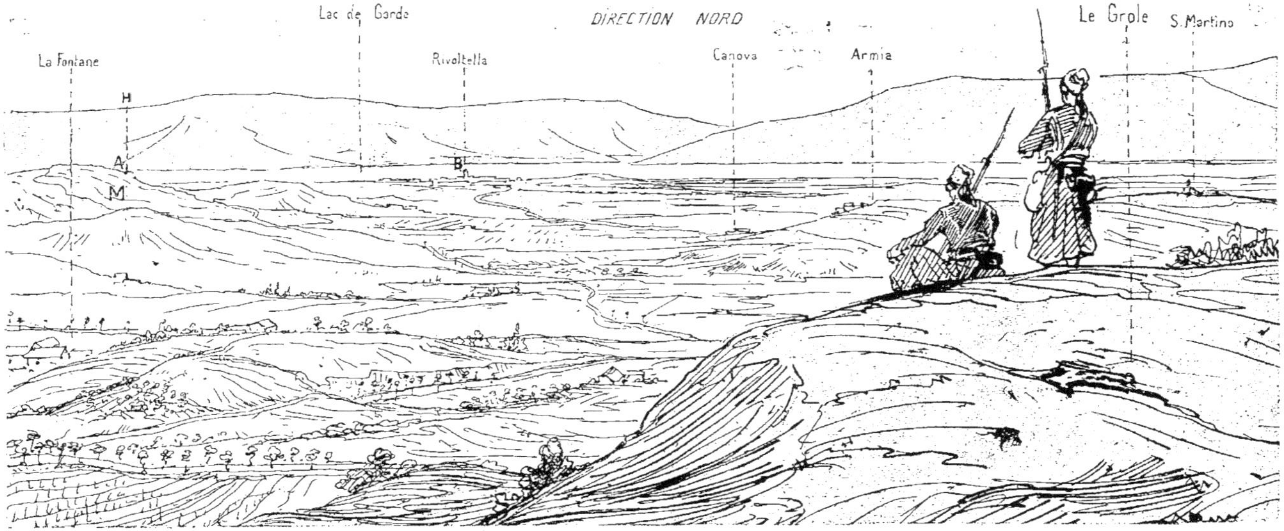

Fig. 21. — Campagne d'Italie. — Panorama pris du Mont Grole (23 juin 1859).

se relier à l'armée française pendant la marche en avant sur le Mincio.

En ce moment, la droite de l'armée Piémontaise s'appuyait à Esenta à 2 kilomètres de Castiglione, son centre à Lonato et sa gauche à Rivoltella. Le corps Baraguey d'Hilliers n'a occupé Esenta que dans l'après-midi du 23 et les Piémontais ont alors poussé leurs avant-postes jusqu'à Rivoltella.

De cette première station j'aurais pu faire un panorama très étendu que ne comportait pas le peu de temps que j'avais à consacrer à mon important travail.

Le lac de Garde m'offrait une grande ligne horizontale nettement définie sur laquelle j'ai pris pour unité de mesure des distances la fraction AB, A point d'intersection du bord supérieur du lac avec la la colline M, — et B le clocher de Rivoltella. J'ai mesuré à bras tendu la verticale AH et déterminé sa dimension d'après celle de AB. Prenant ce même rapport sur ma feuille de papier où j'ai tracé arbitrairement une ligne représentant la base, j'ai établi l'échelle du dessin que j'ai pu exécuter d'un bout à l'autre à l'aide de ces deux dimensions observées dans la nature et reportées à l'échelle. Cette méthode d'appréciation de distances et de hauteurs au-dessus et au-dessous de la ligne horizontale étant expliquée sur des exemples simples dans le chapitre VI, je ne m'étendrai pas plus longuement sur les moyens employés pour l'exécution rapide de cette vue perspective à l'aide d'une unité de mesure prise dans la nature et me donnant l'échelle du dessin. Le lecteur appliquera facilement les règles indiquées à cette vue perspective, dans laquelle la ligne horizontale de base est nettement définie et dans un voisinage suffisant de la ligne d'horizon pour être considérée comme telle. — Si j'avais dessiné dans une seconde station, j'aurais procédé d'une façon identique et avec la même échelle si je l'avais jugé utile, ayant conservé les premières dimensions mesurées à bras tendu et celles de l'échelle.

Cependant, dans ce cas particulier qui nécessite des interruptions dans le travail et implique un choix de stations souvent éloignées les unes des autres et différentes comme orientation et élévation, il n'est pas indispensable de se préoccuper de la conservation de la même échelle, ces dessins n'étant pas destinés à être juxtaposés comme ils le sont dans les panoramas étudiés d'un même point. — Elle pourrait toujours être facilement observée à l'aide des dimensions de base et de hauteur mesurées, ayant été inscrites sur le papier replié à angle droit indiquant l'échelle du dessin exécuté dans la première station. La même échelle sera toujours observée dans les dessins appartenant à une même station, — mais, dans la station suivante, nous pourrons en prendre une autre dont le choix sera subordonné à la représentation très lisible des lieux ou des accidents intéressants à représenter.

Dans le cas particulier qui nous occupe, j'avais un moyen très rapide et très juste de conserver la même échelle puisque je voyais toujours près de moi les mêmes soldats dont j'avais apprécié la taille à une distance déterminée, et que je pouvais placer dans des conditions identiques pour chacun de mes dessins. — Leur représentation sur le premier dessin me donnait l'échelle pour tous les autres.

La nécessité de fournir beaucoup de renseignements dans un temps très limité exclut toute représentation n'ayant pas un intérêt réel. — L'officier ne perdant jamais de vue l'objet de sa mission doit simplifier le plus possible les moyens d'exécution, à la condition expresse de donner des renseignements justes. Ceux-ci ne le seront jamais sans la précision de l'œil guidé par un raisonnement constant et la conservation de l'unité de mesure pendant toute l'exécution d'un même dessin. — Les mêmes procédés sont applicables quels que soient les sujets à représenter. — Le dessin des mouvements de terrain, la figuration des gorges et des ravins présentent à priori des difficultés spéciales, dont le dessinateur exercé triomphera facilement en choisissant les points de station favorables.

La détermination de la ligne d'horizon et souvent d'une horizontale quelconque, coupant le terrain d'une façon bien précisée par des accidents qu'on rencontre toujours, servira de base à ce travail très analogue à la représentation d'un paysage. — Généralement le dessinateur prendra son point de vue sur l'éminence de l'une des croupes d'où il apercevra le ravin et le versant de la croupe voisine. — Quelques rigoles creusées par l'écoulement des eaux, des sentiers, des tassements de terrain et des escarpements suffiront le plus souvent pour accuser des formes ; dans certains cas le dessinateur y suppléera par des courbes indiquant le modelé du terrain par rapport à la ligne d'horizon ou à l'horizontale choisie.

La nature des cultures sera sommairement indiquée par quelques amorces de plantations en donnant l'idée, sans surcharger le dessin ni dissimuler la forme générale du terrain. La pratique peut seule familiariser le dessinateur avec cette sorte de représentation un peu conventionnelle ; il évitera avec soin la confusion que donnerait la photographie par la brutalité de la reproduction de tous les objets. — Ces croquis du terrain nécessitent une certaine habileté à laquelle peuvent arriver tous les officiers ayant la volonté de l'acquérir et s'appuyant sur ce canevas dont leur intelligence étendra facilement le développement.

En exécutant un travail de ce genre sur les hauteurs de Solférino traversées par des routes, des gorges profondes et des ravins escarpés, j'ai pu constater l'insuffisance des renseignements donnés par les cartes. Partout j'ai eu l'occasion de dessiner, soit sur les crêtes, soit sur les versants, des maisons isolées, des murs de clôture, des excavations profondes et quantité d'autres accidents dont la carte ne fait pas mention.

Je vous présente comme spécimen de cette lacune des cartes et de la nécessité de les compléter par le dessin, une vue perspective, intéressante au point de vue militaire. — J'ai établi ma station sur un point culminant du mont des Cyprès en face du couvent de Solférino et parallèlement au lac de Garde (*fig.* 22).

Conformément aux principes déjà indiqués et qui seront développés dans le chapitre VI, j'ai tracé dans l'angle de gauche de ma première feuille une horizontale représentant la longueur du cimetière AB que j'ai choisie comme unité de mesure dans cette zone que je voulais dessiner jusqu'à l'extrémité du piton que surmonte la tour de Solférino. J'ai élevé AH par l'arête de la maison du gardien, et représenté à l'échelle du dessin le rapport de ces deux dimensions. Cette unité des distances est une fraction d'une ligne horizontale bien définie assez rapprochée de la ligne d'horizon pour en tenir lieu. La base et la hauteur ont servi à établir tout le dessin. — Les figures représentées ont pour but de préciser la descente assez rapide du terrain, en même temps qu'elles indiquent l'échelle, elles ne sont donc pas inutiles. — Cependant, ce moyen qui pourrait préoccuper l'officier peu artiste n'est pas indispensable et je me hâte de le dire à ceux qu'il effrayerait. — Quelques têtes d'arbres placées à propos suffisent pour donner l'idée d'une descente et même de sa rapidité.

Les lignes fuyantes des premiers plans indiquent que la ligne de base se confond presque avec la ligne d'horizon située un peu au-dessus. — Les lignes de culture et les tracés des lignes de plus grande pente par les rigoles m'ont servi à donner l'idée des pentes s'échelonnant jusqu'au pied de la Tour.

Ce qui frappe tout d'abord à l'aspect de ce panorama, c'est l'importance considérable que lui donnent au point vue de la défense les constructions en maçonnerie, les murs de clôture et la situation particulière d'un cimetière posté, comme un fort détaché de cette enceinte fortifiée.

Les bastions y sont reliés par des murs épais entre lesquels sont encaissées des routes étroites. — Sur les versants plantés de vignes et de mûriers, des clôtures s'étagent et présentent des blockaus successifs où de nombreux défenseurs peuvent être dissimulés par les massifs de verdure.

Il suffit d'en regarder le dessin pour se rendre compte du parti que pouvait tirer la défense de ces accidents de terrain sur lesquels étaient accumulés des obstacles qui doublaient la difficulté de leur accès. — Les revêtements et les épaulements de batteries que nous avons rencontrés sur le piton que surmonte la tour indiquaient que ce terrain de manœuvres a été souvent exploré et étudié par les Autrichiens. — Il n'est pas impossible que les tracés des murs de clôture n'aient été donnés par l'autorité militaire en vue des éventualités de l'avenir.

Quant au piton duquel surgit l'Espionne de l'Italie tout y indique la volonté d'y laisser des amorces de défense faciles à utiliser en cas d'attaque. L'expérience du lendemain de cette reconnaissance a malheureusement

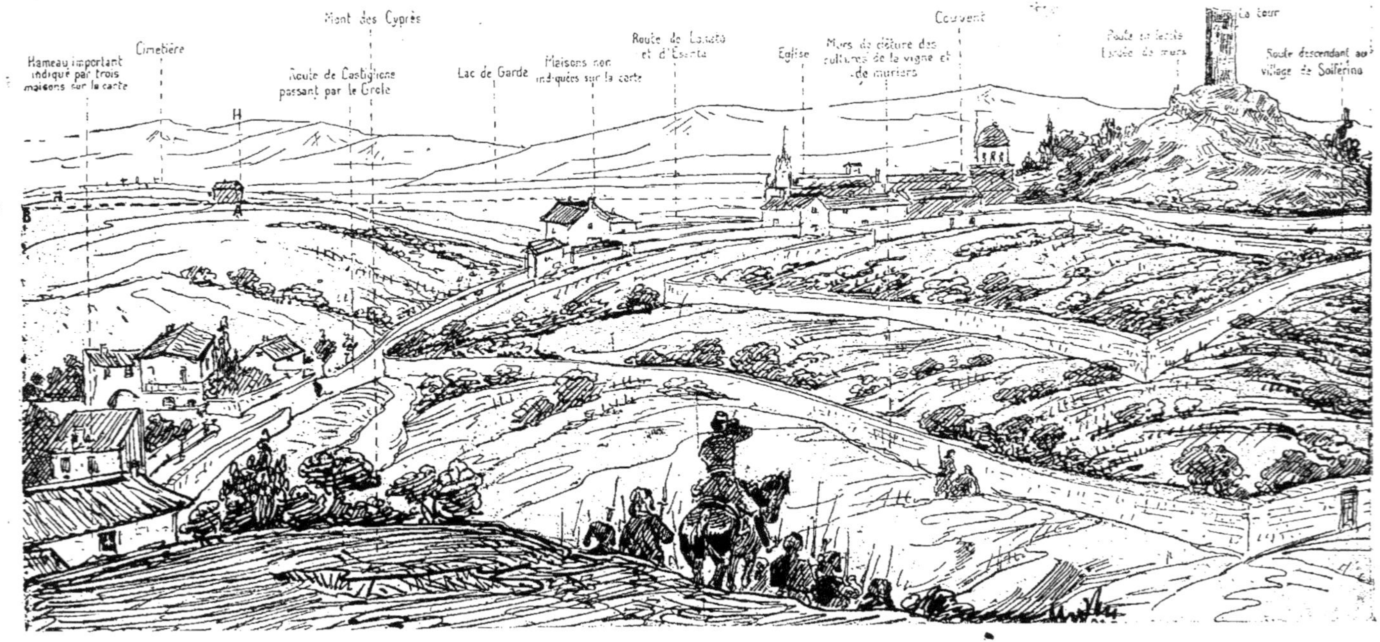

Fig. 22. — Campagne d'Italie. — Panorama de Solférino pris du Mont des Cyprès (23 juin 1859).

prouvé que les Autrichiens pouvaient transformer très vite en une citadelle imprenable la zone que j'ai dessinée et qui comprend en plus le mont des Cyprès dont l'ascension est particulièrement difficile dans le voisinage des routes qui le longent. — Le dessin est placé page 59.

La cour du couvent, le couvent lui-même, ainsi que l'église pouvaient abriter les importantes réserves que les Autrichiens ont pu lancer successivement sur le cimetière pris et repris tant de fois. — Les murs servaient d'abri à leurs troupes jusqu'au moment de l'assaut. — Tous ceux que j'ai représentés dans mon dessin avaient été crénelés pour la fusillade, et les nombreux champs qu'ils clôturaient ont dû être successivement enlevés au prix d'une grande effusion de sang qu'on eût évitée si ces crêtes avaient été occupées. — De même la reconnaissance opérée le 23 par le 2e Zouaves aurait pu déterminer dès le commencement de l'action le mouvement tournant qui seul a pu assurer le succès final.

Fig. 23. — Campagne d'Italie. — Une ambulance dans le couvent de Solférino (24 juin 1859).

Le fait qui reste acquis est que les Autrichiens n'ont pu être délogés, ainsi que l'avait prévu le commandant Maurand, des positions formidables reconnues la veille. Le premier Corps est venu s'y briser malgré les prodiges de valeur qu'il a accomplis et n'a pu reprendre l'offensive que lorsque le mouvement tournant a été nettement dessiné par les Chasseurs et les Voltigeurs de la Garde.

Cet exemple est certainement l'un des plus frappants qu'on puisse offrir pour démontrer la nécessité de ne pas engager des troupes dans un terrain inconnu quand on prend l'offensive et aussi l'intérêt qu'offre aux défenseurs la parfaite connaissance du terrain qu'ils occupent.

La résistance opiniâtre des Autrichiens sur les hauteurs de Solférino est exclusivement due à la conviction du succès qu'ils puisaient dans l'étude approfondie des positions dont ils avaient depuis longtemps apprécié l'importance pendant leurs manœuvres. — Il leur a fallu cette raison déterminante pour concevoir, avec une audace qui leur est peu habituelle, une feinte de retraite masquant un mouvement offensif. — C'est là qu'ils espéraient arrêter nos derniers efforts et assurer le succès de la bataille qu'ils venaient nous livrer dans les plaines de la Chièse et sur les pentes qui descendent vers le lac de Garde. — Notre marche en avant qui a précédé de quelques heures leur attaque projetée a largement contribué à nous donner la victoire ; mais, il n'en reste pas moins incompréhensible qu'une partie de l'armée française soit restée deux jours à Castiglione sans occuper ces positions de Solférino, surtout après les renseignements fournis par la reconnaissance du 2ᵉ zouaves.

Le soir de la bataille, le couvent, l'église et l'intérieur de la cour ont servi d'ambulance pour les nombreux blessés Français et Autrichiens recueillis dans les environs (*fig.* 23). Tous demandaient à boire et il était devenu impossible de se procurer une goutte d'eau, les puits ayant été taris sur ces hauteurs où plus de cinquante mille hommes s'étaient battus pendant toute une journée étouffante.

Rien de plus désolant que ce spectacle des victimes de la lutte et dont ne saurait distraire le paysage si pittoresque qui l'enveloppe.

CHAPITRE V

Des dessins exécutés devant Sébastopol. — Les officiers postés dans des trous en avant des tranchées. — Reconnaissances spéciales dans les ouvrages enlevés pendant la nuit. — Croquis rapides donnant l'aspect du terrain conquis, au point de vue des travaux à exécuter. — Quelques renseignements relatifs à l'exécution des dessins annotés et complétés par la mémoire. — Nécessité de s'abstenir des ébauches. — Dans l'ouvrage du 2 mai. — Le colonel du génie Guérin. — Reconnaissances dans les ouvrages du cimetière par des officiers du génie. — Enlèvement des logements russes dans la nuit du 22 au 23. — Habile tracé de la 4e parallèle à l'aide du dessin, apprécié par Todleben dans son ouvrage. — Souvenirs personnels du siège de Sébastopol.

Après avoir étudié l'application des perspectives au point de vue des reconnaissances, et, dans le cas particulier précédent, pendant un cheminement sur des crêtes, nous parlerons de dessins exécutés en Crimée devant Sébastopol. — Pendant cette guerre de siège où les combattants ont souvent eu à changer de rôle, en étant tour à tour assiégeants et assiégés, la connaissance du terrain à parcourir et de celui occupé par l'ennemi s'imposait chaque jour, et d'autant plus que les cartes faisaient absolument défaut.

En outre, les mouvements en avant de l'assiégé, cherchant à tourner ou à enfiler de ses feux nos travaux d'approche, nécessitaient la détermination précise des travaux entrepris et de leur situation par rapport à nos tranchées.

Ces renseignements étaient à la fois nécessaires au Génie pour le défilement des parallèles et à l'Artillerie pour l'établissement de ses batteries.

Ils ont été donnés exclusivement par des officiers chargés de dessiner dans des conditions particulièrement défavorables.

Ceux-ci se postaient pendant la journée dans des trous creusés en avant de nos tranchées pour abriter pendant la nuit les sentinelles avancées. — Quelques sacs à terre, protégeant imparfaitement la tête, permettaient aux rayons visuels d'effleurer les bords pouvant être considérés comme confondus avec la ligne d'horizon. — De ce point de vue inusité il était nécessaire de traduire les mouvements de terrain à l'aide de courbes ressemblant un peu aux courbes de nivellement données par les plans hypsométriques, mais celles-ci n'avaient d'autre but que d'exprimer la configuration du terrain. La convexité des courbes tracées ainsi indiquait que le point de vue du dessinateur était placé très bas et au dessous de la zone figurée.

Le problème était un peu simplifié quand des escarpements, des accidents de terrain ou l'aspect de bastions éloignés offraient un moyen de représentation par les procédés ordinaires.

A cette même époque des officiers ont eu souvent à renseigner le commandement sur la configuration des ouvrages enlevés aux Russes pendant la nuit, sur l'état des travaux entrepris pour les fermer à la gorge, ou retourner les parapets élevés par l'ennemi — Enfin, sur l'amorce ou l'exécution des boyaux ouverts pour la communication avec nos tranchées d'approche.

Le dessinateur chargé de cette mission était le plus souvent un officier d'Etat-Major, arrivant à la pointe du jour dans cette sorte de charnier humain, où les défenseurs coudoyaient les cadavres et les blessés, nombreuses victimes du combat de la nuit. Des épaulements inachevés et des traverses insuffisantes défilaient incomplètement l'ouvrage des feux de la place ou des logements avancés de l'ennemi. Ces conditions si défavorables nécessitaient une grande habileté jointe au sang-froid imposé par la conscience d'une lourde responsabilité.

Examinons au point de vue technique l'exécution d'un pareil travail, destiné à donner des renseignements suffisants avec une précision aussi grande que possible, condition indispensable de tout dessin militaire.

Nous admettons que l'officier soit arrivé dans l'ouvrage avec un calepin de poche ou une sacoche porte-cartes contenant beaucoup de feuilles repliées ou séparées et des crayons (de différentes couleurs de préférence).

Il n'aura pas à s'occuper de condenser son dessin dans une feuille et pourra choisir librement son échelle.

L'orientation de sa première visée a pu être déterminée d'avance par la position de l'ouvrage par rapport à la ville. — La distance séparant le point où il se trouve des travaux d'approche est connue avant ou après l'exécution de son dessin. — Il est affranchi de ces préoccupations et se contentera d'indiquer par une flèche la direction de chaque visée faisant avec la verticale un angle déterminé.

Supposons qu'il soit placé d'abord face au Nord et qu'il ait devant les yeux un remblai exécuté pendant la nuit par les assaillants, ou une gabionnade faisant partie des travaux antérieurement établis par l'ennemi ; il se donne arbitrairement la hauteur maximum de la crête au-dessus du terre-plein, en établissant les subdivisions par des accidents visibles et surtout, s'il est possible, par des gabions dont les dimensions sont toujours connues. S'il y a, près du parapet, ce qui est probable, un factionnaire, il établira rapidement une silhouette donnant approximativement la hauteur de ce relief par rapport à la taille moyenne de l'homme.

Cette donnée ainsi répérée constituera l'échelle des hauteurs. En cherchant son rapport avec une longueur jalonnée, soit sur la ligne d'horizon, soit sur une ligne de base, par des détails du terrain ou du parapet, le dessinateur établira l'échelle des bases correspondant exactement à la hauteur donnée.

Cette base sera égalcment subdivisée très vite par des objets précis et cette zone dessinée, en y comprenant des motifs de premier plan intéressants, parmi lesquels je citerai encore des gabions isolés, debout ou renversés, un homme debout ou couché, en ayant soin dans cette représentation hâtive et sommaire d'indiquer les objets dans leur dimension à l'échelle établie.

Ces premiers plans succinctement indiqués dans une juste proportion pourront donner déjà une idée de leur distance sur le terre-plein à la base de l'épaulement dessiné.

On peut admettre que ce premier croquis ait été établi sur une même feuille portant le n° 1, qu'il sera continué à droite et à gauche sur d'autres feuillets portant n° 2-D. — N° 2-G. — et ainsi de suite.

On se servira pour chaque feuille de la même échelle sur la ligne de base prolongée de la feuille précédente. Chaque changement de point de vue, en faisant face à droite ou à gauche, sera indiqué par un changement d'orientation sur la feuille comportant le dessin de cette visée et sur les suivantes. Ces feuilles seront numérotées comme il a été dit.

En mesurant au pas les dimensions du terre-plein et en figurant par le dessin le relief des crêtes, la solution de continuité des parapets inachevés, l'officier donnera une idée exacte de l'ouvrage quand il aura pu y joindre un croquis analogue de la partie opposée située dans la direction de nos tranchées ainsi que du boyau le plus souvent inachevé, et destiné à relier à nos travaux d'approche le terrain conquis sur l'ennemi.

Cette partie du travail nécessitera une station nouvelle choisie au pied du parapet déjà relevé, et motivera un nouveau croquis exécuté à la même échelle et par les moyens précédemment indiqués. — Il sera orienté de même et pourra être relié aux autres par les amorces des accidents déjà répérés dans le dessin précédent.

Si l'officier dessine debout, ce qui est le cas probable, il pourra, faute de mieux, donner une idée approximative de l'élévation des épaulements existants en cherchant à répérer sur ceux-ci l'intersection du plan horizontal passant par son œil, — à la condition toutefois que le terre-plein soit à peu près horizontal, ou puisse être apprécié comme tel, en tenant compte d'un exhaussement ou d'un abaissement appréciable à la base des parapets. — On sait en effet que ce plan horizontal, passant par l'œil du spectateur au point de station, coupe le plan visé à la même hauteur. L'officier pourra donc apprécier d'après sa taille la hauteur des parapets.

Il est très évident que ces moyens ne peuvent conduire à une exactitude absolue, mais ils constituent le canevas d'une étude plus précise si les circonstances de guerre le permettent, et l'officier chargé d'une pareille mission pourra toujours l'étendre et profiter de tous les moyens imprévus qui pourraient s'offrir à lui.

Ces croquis annotés exprimeront mieux, avec quelques lignes tracées à la hâte et complétées sous la tente ou dans un abri de tranchée, la configuration de l'ouvrage et son état actuel, que ne pourrait le faire un rapport si clair qu'il puisse être.

Quelques minutes suffiront pour les compléter de mémoire par le dessin auquel on ajoutera des légendes explicatives et quelques renseignements écrits. — Il est toujours possible à l'officier de découvrir un instant les ouvrages ennemis et de noter les faces des bastions pouvant enfiler de leurs feux le terrain occupé par nos troupes, il a dû l'écrire avec soin sur son croquis, et le moindre renseignement de ce genre pourra suffire, si l'on admet que l'aspect des bastions ennemis a été dessiné antérieurement, ce qui avait lieu devant Sébastopol.

Les dessins complétés par la mémoire devront toujours conserver intactes les lignes tracées d'après nature, puisque nous admettons que chacune d'elles a été l'objet d'une attention scrupuleuse. — L'officier devra bien se garder de compromettre la vérité par un entraînement fâcheux à surcharger par des détails crayonnés agréablement un travail qui n'a pour but que de donner des renseignements précis au commandement.

Je ne trouverai jamais une meilleure occasion de dire aux officiers que l'exécution du dessin militaire doit être très rapide et ne comporte ni ébauche, ni détermination préalable d'un certain nombre de points destinés à être reliés par les *procédés du dessin d'imitation*.

Un officier doit faire son dessin, ou plus exactement, la série de ses dessins constituant la représentation d'une vue perspective ou d'un panorama, en commençant par la partie la plus intéressante. Celle-ci sera exécutée d'un bout à l'autre en y comprenant ses premiers plans, et toutes les autres le seront de la même manière en conservant dans leur tracé la même ligne de base, la même ligne d'horizon et l'échelle primitivement déterminée.

Un dessinateur militaire doit procéder par des moyens raisonnés et assez précis pour établir son dessin d'un bout à l'autre par les dimensions justement repérées dans les accidents de terrain déjà traduits. Il doit dessiner assez légèrement pour se passer de gomme, en recouvrant un faux trait par une accentuation plus visible de la correction.

Si le plus grand intérêt est au centre du panorama il commencera son dessin sur une feuille suivie d'une série d'autres numérotées comme il a été dit à droite et à gauche ; si l'intérêt est dans un coin du panorama, c'est par là qu'il commencera en numérotant les autres feuilles dans une direction unique.

L'exécution des dessins dans les ouvrages enlevés aux Russes pendant le siège de Sébastopol présentait, ainsi qu'on peut s'en faire l'idée, des dangers d'autant plus grands que les tirailleurs Finlandais blottis dans leurs logements exerçaient une surveillance des plus actives.

Leur adresse était si connue que, pendant le désœuvrement des longues journées de garde dans les tranchées, nous prenions plaisir à placer un képy sur un piquet de gabion, et donnant l'illusion d'une tête surmontant le parapet. Quelle que fut la distance qui le séparât des tirailleurs, il était aussitôt visé et le plus souvent percé par la première balle.

De part et d'autre cet exercice était devenu un jeu ; nos soldats plaçaient souvent sur le parapet des bouteilles vides que les tirailleurs Russes mettaient aussitôt en pièces.

Outre le danger des coups de fusil dirigés à bon escient, le dessinateur en courait beaucoup d'autres, car la mitraille les obus et les bombes faisaient rage dans ces ouvrages, n'épargnant pas plus que les assaillants les malheureux défenseurs tombés pendant le combat. — Pour cette raison, et afin d'assurer son service dans le cas où il serait frappé pendant son travail, l'officier chargé de cette mission périlleuse s'assurait du concours des officiers des autres armes, et particulièrement des officiers du Génie.

L'un des officiers d'Etat-Major que j'ai eu l'occasion de voir à l'œuvre a été blessé grièvement dans l'ouvrage enlevé pendant la nuit du 1er au 2 mai devant le bastion central.

C'était l'époque où le dessin était considéré comme étant exclusivement du domaine des aptitudes spéciales ; les officiers du corps d'Etat-Major et du Génie se croyaient seuls obligés à ce genre d'étude qui s'est depuis généralisé dans l'armée. — De nos jours on trouvera toujours des officiers pouvant remplacer un camarade tombé pendant l'accomplissement de sa mission. — L'officier qui en sera officiellement chargé n'aura plus à doubler les préoccupations de son service du souci d'en assurer l'exécution pour le cas possible de sa mort.

Un croquis de ce genre peut être exécuté d'une façon très rapide, et certainement en moins de vingt minutes ; si l'on compte dix minutes en plus pour le compléter dans un abri de tranchée, par les légendes et les renseignements écrits, le travail de reconnaissance pourra être remis au général de service une demi heure après l'ordre donné. — De plus, l'officier ayant exécuté ce travail aura présents à la mémoire tous les détails omis et pourra fournir de vive voix les renseignements qui lui seront demandés.

Il est évident qu'il faut n'employer pour une pareille mission que des officiers dont l'œil est complètement façonné par le dessin à une perception juste et rapide de la configuration du terrain, et capable de donner une échelle par la représentation, aussi succincte que possible mais juste, des objets naturels ou du corps humain.

Des gabions repérés dans des proportions précises à différentes distances seront d'excellentes échelles puisque leurs dimensions sont connues ; il en sera de même pour la taille de l'homme en admettant que celui qui est figuré soit dans des conditions moyennes.

On pourra toujours déduire des proportions, justement repérées entre les distances et les élévations, les dimensions du terre-plein et le relief des crêtes quand il n'aura pas été possible de les mesurer autrement ; — et ce sera le cas le plus fréquent dans les circonstances particulières dont il est question.

Les adeptes partiaux des instruments photographiques leur attribueront certainement une solution plus rapide et beaucoup plus juste de ce problème, et ne seront pas éloignés de qualifier de routiniers ceux qui prétendent avec moi que le croquis d'un officier sera toujours préférable et ne saurait être remplacé par les progrès modernes de la photographie plus ou moins instantanée.

La reconnaissance à laquelle j'ai fait allusion avait lieu forcément quand le petit jour éclairait à peine le champ de bataille de la nuit, permettant tout au plus à l'œil exercé de l'officier de percevoir une configuration générale et quelques détails des premiers plans. Une vue photographique, en admettant qu'elle ait pu être exécutée, aurait donné dans ce cas une confusion si grande qu'elle n'eut rendu aucun service, l'installation d'un instrument, le développement des clichés nécessairement multipliés pour des visées successives auraient nécessité un temps beaucoup plus considérable, et l'officier, préoccupé de son appareil et de sa mise en place aurait moins bien regardé le terrain à représenter. Il n'en aurait certainement pas rapporté l'impression gravée dans sa mémoire par un croquis, lui permettant de donner à l'appui de son dessin des renseignements écrits et verbaux.

La plupart des reconnaissances de ce genre devaient être exécutées dans des conditions de jour rendant impraticable l'usage des instruments photographiques dont on parle sans cesse de nos jours, même dans les réunions militaires, où certains officiers dont la voix est prépondérante vantent outre mesure, à mon avis, les services que la photographie pourra rendre pendant la guerre. — Je serais tenté de croire que ces militaires ont beaucoup plus de science que de pratique de la guerre, car l'expérience leur eut démontré l'impuissance des instruments si perfectionnés qu'ils soient à remplacer l'œil exercé et l'intelligence du dessinateur militaire chargé d'un travail de reconnaissance.

Ils auraient pu constater avec nous dans l'ouvrage du 2 mai que, moins d'une demi-heure après la reconnaissance, une armée de travailleurs précédés d'officiers du génie se rendaient sans hésitation sur les points indiqués pour établir des parapets et des traverses.

Ils pouvaient encore profiter de cette demi obscurité qui précède le lever du soleil, et des brumes dissimulant leur présence à la vigilance des tirailleurs et des artilleurs ennemis. A l'heure où la photographie eut été possible, le travail indiqué par la reconnaissance était assez avancé pour mettre à peu près à couvert le terre-plein de l'ouvrage. Le boyau de communication le reliant à notre parallèle aurait été très amorcé, sinon achevé dans le même temps, sans la mauvaise chance d'avoir rencontré le roc partout, ce qui a nécessité un travail difficile et très long à l'aide des sacs à terre. L'artillerie ennemie n'a pas tardé à détruire ce cheminement dès que le jour a permis de constater son insuffisance, et les défenseurs de l'ouvrage conquis pendant la nuit ont été séparés de leurs réserves. Cependant, grâce à la reconnaissance de l'officier envoyé à la pointe du jour, des travailleurs ont pu, dans un temps très court, transformer cet ouvrage primitivement labouré par les feux de la place, en une sorte de redoute pouvant être défendue.

C'est ainsi que quelques compagnies d'élite laissées seules pour repousser les retours offensifs ont pu se maintenir pendant la sortie opérée dans la journée par de nombreux et intrépides bataillons russes. — L'ennemi pensait enlever facilement cette poignée d'hommes isolés, avant l'arrivée des réserves obligées de parcourir un terrain découvert d'une étendue de plus de cent mètres. — La solidité des défenseurs de cette redoute improvisée a triomphé des assauts multipliés par de nombreux assaillants, si convaincus du succès qu'ils nous abordaient en plein jour pour la première fois.

Si l'officier chargé de la reconnaissance et des croquis de l'ouvrage existe encore, je souhaite qu'il lise ici l'hommage rendu par un camarade au rôle considérable joué par lui dans ce grand succès signalé dans l'histoire de la guerre de Crimée. — Il peut revendiquer sa part de gloire au moins aussi grande que celle des combattants. C'est grâce à lui, par l'exactitude des renseignements recueillis et dessinés, que l'ouvrage conquis a pu être mis en peu de temps en état de défense, au point de défier les retours offensifs.

Ceux qui ont pris part à cette affaire ont vu de même, le crayon à la main et prenant des notes sur son calepin, un officier du génie très célèbre aux attaques de gauche, autant par son intrépidité au milieu du danger que par son grand savoir. — Les officiers l'appelaient le Todleben français et les soldats le désignaient par le surnom bien significatif de Trompe-la-Mort.

C'est à lui que sont dûs tous les tracés de nos approches devant la quarantaine, le bastion central et le bastion du Mât, partie de nos attaques désignée sous le nom de vieux siège, quand l'assaut de Malakoff et de ses défenses accessoires est devenu l'objectif des assaillants. J'ai désigné pour tous les combattants de Sébastopol le colonel Guérin, dont le nom est buriné pour toujours dans les annales du siège et dans le souvenir des survivants de cette époque mémorable de nos gloires.

C'est dans cet ouvrage du 2 mai qu'il devait trouver plus tard la mort des braves, en dépit de la qualification que lui avait value la chance inexplicable de n'avoir pas été frappé plutôt. — Il ne quittait guère cette place d'armes enlevée sous ses yeux et fortifiée sous sa direction, car elle motivait pour lui de légitimes préoccupations, en raison de son voisinage du bastion central, et plus encore de sa situation par rapport aux embuscades, fortement occupées par les Russes en avant du cimetière si péniblement neutralisé.

Ces logements situés sur le flanc gauche de nos attaques et en arrière de l'ouvrage du 2 mai devaient inspirer aux Russes l'idée de les relier à la lunette de droite du bastion central, et d'établir dans cette communication des batteries prenant à revers une partie de nos approches. Le génie entreprit des travaux destinés à déjouer ces projets ; malheureusement, à la faveur du bruit causé par nos travailleurs à peu près dans la même direction, les Russes nous devancèrent par la rapidité de l'exécution. Profitant d'une nuit sombre, ils établirent avec une rare audace, à l'aide de leurs infatigables travailleurs, une gabionnade achevée de deux cent cinquante mètres, reliant leurs importantes embuscades du cimetière à la lunette Belkine, annexe du bastion central.

La réalisation de cette audacieuse conception, accomplie pendant la nuit du 21 mai, restera comme l'un des plus éclatants témoignages des qualités des chefs et des soldats russes auxquelles nous avons eu si souvent l'occasion de rendre hommage. — Le colonel Guérin put constater ce grand désastre pour nous, quand les premières lueurs du jour éclairèrent cette gabionnade, d'où partaient déjà des coups de fusil signalant la présence des défenseurs.

Le calepin à la main, et la lorgnette braquée sur les travaux exécutés par les Russes, sans qu'ils eussent été inquiétés dans leur besogne, le colonel dissimula de son mieux la grande émotion qu'il ressentait et son dépit de ce que les reconnaissances, envoyées pendant la nuit, avaient eu la mauvaise chance d'avoir rencontré seulement des travailleurs Français. Nous construisions en effet un boyau sur le flanc et en arrière de l'ouvrage à très peu de distance des Russes.

Il se contenta de nous dire : « Ils ont travaillé pour nous, tant mieux, c'est besogne faite, » et resta à son poste d'observation malgré les balles écrêtant le parapet à ses pieds. — Il ne quitta ce point si dangereux qu'après avoir fait un croquis chargé de notes destiné à le guider pour l'utilisation de ces tranchées ennemies qui devaient être enlevées pendant la nuit suivante.

Nous ne le revîmes plus qu'une seule fois dans cet ouvrage où il fut mortellement frappé. Ce jour là, il couvrait encore son calepin de croquis et de notes sur un point qu'on lui avait indiqué comme particulièrement dangereux. — Plusieurs hommes venaient d'y être tués, mais à l'observation qu'on lui fit sur le danger exceptionnel qu'il courait, il répondit simplement :

« C'est pour cela que j'y suis, je dois voir pourquoi il est enfilé. » Peu d'instants après il tombait entre nos bras, frappé d'une balle à la tête, et plus d'un soldat essuya furtivement une larme, qui vaut bien la plus belle oraison funèbre pour un si brave officier.

Je dois parler encore des grands combats qui nous livrèrent définitivement la possession des ouvrages du cimetière reliés ainsi que nous l'avons vu au bastion central et destinés à l'être aux importants ouvrages élevés par les Russes au fond de la baie de la quarantaine. — Ces travaux d'approche entrepris par les assiégés constituaient, suivant l'opinion du Génie, un camp retranché en avant de la quarantaine, plutôt qu'un ouvrage de contre-approche. — Si les Russes avaient pu s'y maintenir, le siège de la ville fût devenu impossible, car les feux partant des hauteurs du cimetière eussent rendu inhabitable une partie de nos tranchées ; nous eussions été sans cesse menacés d'être tournés par des forces considérables que l'ennemi aurait pu réunir à notre insu.

Le cimetière de Saint-Vladimir a été pendant le siège, jusqu'au 23 mai, le champ de bataille disputé chaque jour et chaque nuit par les assiégés et les assiégeants (*fig.* 24). Les nombreuses embuscades russes qui l'avoisinaient empêchaient les Français d'y séjourner, mais tous les soirs il était occupé par un de nos bataillons chargé de déloger les postes russes, afin d'empêcher les sorties de la place très favorisées par cette vaste place d'armes. — Les Français y passaient la nuit, mais il serait difficile de chiffrer les pertes occasionnées de part et d'autre par ces combats de chaque jour.

Je ne veux parler de ces grandes opérations qu'au point de vue du concours apporté par le dessin militaire dans ces circonstances exceptionnelles.

Pendant la nuit du 22 au 23, les combats acharnés qui ont été livrés et ont rendu intenable pour les deux partis la position si chaudement disputée, ont nécessairement empêché le génie d'exécuter les travaux projetés en cas de succès.

Cependant, les tracés existaient sur le papier, et les officiers du Génie à la tête de leurs travailleurs n'auraient pas cheminé dans l'inconnu. Ces jalons avaient été donnés par le dessin et les renseignements recueillis par des reconnaissances spéciales dont certains officiers avaient été chargés antérieurement, pendant nos occupations temporaires du cimetière depuis le mois d'avril.

Les Russes nous le disputaient avec achar-

Fig. 24. — Crimée. — L'église et le cimetière de Saint-Vladimir, devant Sébastopol (20 mai 1855).

nement, mais comme il était une menace constante à cause de son voisinage de nos batteries de marine, nous l'occupions chaque soir à l'arrivée de la nuit, afin d'être assurés que l'ennemi n'y massait pas de nombreux bataillons pour nous surprendre.

Les Russes y entretenaient des tirailleurs et de faibles détachements pour nous inquiéter pendant la journée, mais ces troupes peu considérables se repliaient devant nos assauts du soir, sous la protection des grandes embuscades à l'angle Est du cimetière.

Telle fut l'origine de cet ouvrage considérable attaqué par nous dans la nuit du 22 au 23, abandonné de part et d'autre à la pointe du jour et définitivement conquis pendant la nuit du 23. Ces occupations successives ont permis à des officiers de dessiner le cimetière, la position exacte des embuscades, les brèches ouvertes dans les murs par l'artillerie ou les assiégés, la grande grille d'entrée qui était un jalon important, l'église de Saint-Vladimir, donnant également une orientation.

Ces mêmes officiers ont relié ces dessins à d'autres exécutés du côté de la baie de la quarantaine, en avant de notre troisième parallèle, et aussi dans les embuscades en arrière de l'ouvrage du 2 mai, très favorables pour l'exécution des dessins en raison d'un pli de terrain, et d'excavations appropriées dans l'origine par les Russes à l'établissement d'un fossé protégeant l'ouvrage avancé dont nous étions devenus maitres.

Les cartes qui ont servi à guider les opérations du Génie dans les travaux importants accomplis pendant la nuit du 23 au 24 n'ont pas été établies autrement que par des dessins perspectifs ou par des courbes indiquant le modelé du terrain. — C'est ainsi que les Français ont pu achever après le combat la communication commencée entre leurs tranchées et l'ouvrage du cimetière, qu'ils transformèrent en une 4e parallèle protégée contre les feux d'enfilade de la quarantaine et de ses bastions annexes par un tracé très habile.

Le général Todleben a parlé depuis dans son ouvrage et d'une façon élogieuse de ce tracé en crémaillère établi, dit-il, avec beaucoup d'art.

Ce dernier travail du Génie vanté par l'éminent ingénieur russe n'a été établi qu'à la suite de reconnaissances effectuées au moment même où nos travailleurs ont pu amorcer la gabionnade qui descendait sur la baie de la quarantaine.

Ceux qui étaient comme moi de service, pour l'attaque ou pour le travail, pendant cette nuit mémorable, ont conservé le souvenir de ce ciel étoilé nous permettant de suivre comme en plein jour l'épouvantable drame, et silhouettant d'une façon précise les crêtes des bastions russes. Il faisait tellement clair que nos travailleurs et nous-mêmes distinguions des masses couchées à cent mètres environ de la gabionnade en voie de construction ; la fusillade avait cessé et les Russes s'étant repliés sur leurs bastions, les obus et les bombes labouraient le champ de bataille sans provoquer un mouvement apparent parmi ces masses étendues en avant de nos travailleurs.

Quelques officiers franchirent les gabions dans le but de constater si ces soldats couchés faisaient partie des troupes destinées à protéger le travail. Quand nous nous approchâmes, il nous fut facile de distinguer la diversité des uniformes.

Nous n'avions devant nous que des cadavres de la veille tombés côte à côte sur le sommet du versant qui conduit au ravin. Parmi eux quelques blessés abandonnés depuis la nuit précédente et n'ayant pu se traîner plus loin.

Parmi ces victimes de la lutte acharnée du 22, nous pouvions distinguer un grand nombre de Voltigeurs de la Garde que leurs buffleteries blanches auraient pu faire confondre avec les soldats russes sans la couleur foncée de leurs capotes et leurs épaulettes. — Hélas ! cette confusion avait réellement existé de leur vivant pendant la nuit du 22 au 23 mai. — Ces troupes de la garde débarquées le matin même portaient des uniformes généralement inconnus à nos troupes du siège et particulièrement à la légion étrangère. Emportés par leur élan impétueux dans un terrain inconnu et au delà de leur zone d'action, ces braves Voltigeurs, décimés déjà par le feu ennemi, furent accueillis en se repliant par une décharge à bout portant de la légion qui n'avait distingué que des baudriers blancs comme en portait l'armée russe.

Les cadavres que nous considérions sur

la crête du ravin étaient ceux de soldats plus heureux que leurs camarades puisqu'ils avaient reçu la mort de la main de nos ennemis.

Cette agglomération de soldats tombés en ligne sur ce même point était facilement explicable par ce fait que nos troupes d'attaque arrêtées par les escarpements d'une gorge profonde avaient essuyé le feu des bataillons de réserve ennemis qui l'occupaient.

Ces accidents de terrain étaient trop éloignés de nos ouvrages pour avoir été relevés comme nous avions l'habitude de le faire en avant de nos travaux d'approche ; cette zone occupée par les Russes nous était inconnue, au moins pour le plus grand nombre, car d'audacieux officiers avaient franchi déjà pendant la nuit la partie du ravin de la quarantaine aboutissant à la baie de Streliska.

L'un deux appartenant à la légion étrangère, et ayant été détaché pendant plusieurs mois pour commander une compagnie d'éclaireurs chargés exclusivement d'un service de nuit, joignait à une intrépidité peu commune la faculté spéciale de voir distinctement dans l'obscurité.

Ce noctambule exceptionnel avait servi dans l'armée des Indes et rapporté de son contact avec les sauvages le talent de ramper comme les bêtes fauves et de passer inaperçu entre les postes ennemis. Il avait pu rendre de cette façon de très grands services et j'ai eu la bonne fortune de voir ses croquis exécutés de mémoire après ses audacieuse excursions nocturnes au delà des avant-postes ennemis. Quelques incrédules ayant taxé ses récits d'éxagération, en raison des points de la défense sur lesquels il affirmait avoir pris ses croquis et ses notes, il leur désigna pendant le jour une partie facilement repérable du bastion de la quarantaine en avant duquel il allumerait un feu de broussailles à une heure déterminée de la nuit en arrière des embuscades russes. Le fait eu lieu ainsi que l'avait annoncé l'intrépide officier, et fut connu de toutes les troupes des attaques de gauche.

Il est regrettable que ses promenades nocturnes ne l'aient pas conduit sur cette partie du terrain où nos hommes ont été fusillés à bout portant par des réserves dissimulées dans une gorge inconnue.

Il est vrai d'ajouter que cette portion du ravin de la quarantaine devait toujours abriter d'imposantes réserves à travers lesquelles il eut été impossible à notre camarade de s'aventurer. — Nous y avons constaté pendant cette même nuit l'existence de grottes nombreuses pouvant servir d'abris.

Les travaux que nous exécutions en ce moment devaient les rendre désormais inhabitables, de même que ce ravin si propice pour des sorties sur notre flanc gauche cesserait d'être une menace constante pour nos attaques.

Les Russes ayant trouvé inutile de nous disputer de nouveau la possession des embuscades de la baie de la Quarantaine, d'où nous les avions expulsés la veille, s'étaient repliés en arrière de la batterie Chémiakine annexe du bastion de la Quarantaine, et dans l'intérieur des ouvrages afin de permettre à l'artillerie de couvrir de ses feux le champ de bataille conquis par nous et occupé par nos troupes et de nombreux travailleurs.

La clarté exceptionnelle d'une nuit de pleine lune permettait aux assiégés de diriger efficacement leur tir sur les masses confuses leur indiquant des formes humaines ; les cadavres amoncelés sur la crête du ravin devaient leur donner l'aspect de troupes destinées à couvrir nos travailleurs de même qu'ils avaient produit sur nous cette illusion.

Nous fûmes très convaincus que les Russes avaient commis cette même erreur par la persistance avec laquelle ils dirigeaient leurs feux sur ce coin du champ de bataille dont nous étions à peu près les seuls survivants. — Ces malheureuses victimes de la nuit précédente jouaient encore un rôle efficace en attirant sur leurs cadavres déjà tuméfiés une partie des projectiles lancés par la place. Les bombes, les obus et la mitraille creusaient de profonds sillons dans ces masses inertes, projetant sur nous des lambeaux de chair et d'uniformes.

Nous pûmes recueillir quelques blessés, hors d'état de nous détromper vis à vis de nos travailleurs à qui nous étions forcés de mentir. Au retour de notre reconnaissance nous avons dû les assurer qu'ils pouvaient travailler en toute sécurité car ils étaient bien gardés. — Nous dûmes cependant renseigner les officiers du Génie, et nous apprimes par eux que les troupes chargées de couvrir les travailleurs étaient massées sur un autre point dans un pli de terrain mieux défilé des feux de la place. — Ils nous demandèrent alors si nous avions rencontré deux de leurs camarades postés dans cette direction pour dessiner au clair de lune la silhouette de la batterie très inquiétante dont il serait nécessaire de défiler les ouvrages nouvellement conquis.

Ces officiers étaient chargés d'y joindre la configuration du ravin qui avait été la veille si funeste à nos troupes. — Ces travaux de reconnaissance exécutés à la faveur d'un clair de lune serviraient seuls à démontrer les services immenses que peuvent rendre les officiers convaincus de la possibilité de dessiner dans les conditions les plus défavorables et même avec une lumière insuffisante pour pouvoir lire.

C'est grâce aux officiers dessinateurs que ce boyau exécuté dans la nuit du 23 pour relever les ouvrages du cimetière à nos tranchées fut transformé plus tard en une parallèle, protégée contre les feux d'enfilade des Russes par un tracé en crémaillère.

L'importance de cette batterie Chémiakine sur laquelle l'éminent ingénieur Russe avait fondé les plus grandes espérances n'existait plus. — Non seulement elle ne pouvait plus être reliée aux ouvrages du cimetière ainsi que l'avait rêvé Todleben pour former avec la baie de la Quarantaine un vaste camp retranché pouvant permettre de tourner nos attaques de gauche, mais encore l'habileté de nos ingénieurs la mettait hors d'état d'enfiler cette partie de nos travaux d'approche.

Notre parallèle put être prolongée pour rejoindre nos ouvrages du fond de la baie, et dès lors le cimetière si disputé jusqu'au 24 mai fut enveloppé dans nos attaques de gauche d'une façon définitive.

Le point de départ d'un aussi immense résultat ne doit pas être perdu de vue au milieu des éloges toujours insuffisants, quels qu'ils soient, pour l'admirable élan, l'opiniâtreté indomptable et le dévouement des officiers et des soldats. — Nous ne devons pas oublier que ce siège à jamais mémorable a été entrepris sans cartes suffisantes, et qu'elles ont été établies à la suite des reconnaissances les plus périlleuses sans autre instrument que l'œil exercé des officiers chargés de ce service.

Il a été dit et écrit de nos jours que la topographie à vue est la topographie de l'avenir puisque d'excellentes cartes existent dans tous les pays, depuis que le chef-d'œuvre de notre État-Major a enthousiasmé l'Europe.

Il est juste d'attribuer comme origine à ces idées actuelles les inoubliables services rendus pendant le siège de Sébastopol par les officiers des armes spéciales et particulièrement par nos savants et intrépides ingénieurs.

Dans cette lutte corps à corps pour enlever à l'ennemi ses habiles travaux de contre-approches, transformant souvent les assiégeants en assiégés, il n'était pas suffisant d'avoir des soldats intrépides et dévoués, il fallait encore des officiers capables d'utiliser des assauts si meurtriers, en improvisant de nouveaux tracés destinés à englober les ouvrages conquis.

Ce n'est pas la photographie, si vantée de nos jours, qui les a guidés dans leur mission difficile, ce ne sont pas davantage les instruments de précision, mais bien le coup d'œil militaire, ce qui veut dire le *dessin*.

Certes, il n'y avait pas seulement parmi ces officiers, des dessinateurs habiles au crayonnage et réputés pour leurs aptitudes spéciales au point de vue du dessin, mais les nécessités de la lutte avaient imposé à tous l'obligation de percevoir et de traduire des impressions justes sur le terrain.

La lourde responsabilité qui incombait aux officiers chargés du service des reconnaissances ou de l'étude du terrain leur inspirait des méthodes et des moyens de précision que l'enseignement du *dessin d'imitation* dans les écoles ne leur avait pas indiqués.

Il importait peu au commandement que leurs croquis fussent plus ou moins agréables à première vue, la plus lisible représentation du terrain était la meilleure. Là ont été sapés par la base les préjugés admis de tout temps sur les aptitudes spéciales, ils n'existent plus aujourd'hui qu'à titre de souvenir, je suis de ceux qui veulent le croire.

Si le siège de Sébastopol a révélé, ce qui n'est pas douteux, à beaucoup d'officiers qu'il était indispensable pour eux de dessiner et d'exercer ainsi leur œil à observer avec précision le terrain, il importe beaucoup que ceux de la génération nouvelle se préparent en temps de paix à égaler au moins leurs devanciers dans ce travail si nécessaire.

Quand même les circonstances ne se présenteraient pas pour eux de la même manière, ils s'habitueront en dessinant à mieux voir, et arriveront, par cette sorte de gymnastique de précision, à habituer l'œil à la justesse, à apprécier les distances, et à conserver une idée exacte du terrain observé.

J'ai pu relater des faits qui se sont passés sous mes yeux aux attaques de gauche, mais il me serait impossible de les préciser de la même façon relativement aux opérations si importantes du côté du faubourg de Karabelnaïa aux attaques de droite. — Nos cheminements sur Malakoff à la suite des assauts du Mamelon Vert et des ouvrages blancs ont été tracés de la même manière à l'aide de reconnaissances spéciales ayant toujours pour base le dessin militaire.

Du point culminant du Mamelon Vert il a été possible d'établir des vues perspectives donnant la silhouette des ouvrages russes en avant du faubourg, du relief des crêtes et

Fig. 25. — Crimée. — Le monastère Saint-Georges, près de Balaclava (8 mai 1855).

de l'établissement de leurs batteries ainsi que la direction de leurs feux.

Elles ont fourni à l'artillerie et au génie de précieux documents pour le défilement de nos tranchées et des boyaux de communication qui les reliaient. C'est ainsi que nous sommes arrivés à vingt-cinq mètres de Malakoff, à quarante mètres du petit Redan au moment de l'assaut du 8 septembre. A ce moment nous enserrions le côté droit de la ville à vingt-cinq mètres du bastion central et à cinquante mètres du bastion du Mât.

Avant de quitter cette question des reconnaissances autour de Sébastopol, je veux dire que, pour nous reposer de tant de fatigues, nous faisions souvent des reconnaissances d'un genre très différent du côté de Balaclava et du monastère Saint-Georges, situé au bord de la mer dans un paysage charmant (*fig.* 25). Les Anglais en avaient expulsé les popes et quelques officiers s'y étaient installés avec leurs femmes.

CHAPITRE VI

La ligne d'Horizon. — Cas où sa détermination précise nécessite une perte de temps. — Choix d'une horizontale de base. — Unité de mesure prise dans la nature soit sur la base soit sur la hauteur. — Echelle du dessin ou de tous les dessins exécutés dans une même station. — Explications données sur un motif simple pour l'établissement d'une vue perspective. — Le dessin doit être exécuté par morceaux achevés, la première fraction choisie doit servir à établir la suivante et ainsi de suite. — L'officier ne doit pas faire d'ébauche. — Un déjeuner à Arches. — Une des analogies de caractère avec celui des Russes. — Anecdotes de Crimée qui l'établissent. — Nous allons dessiner le panorama d'Arches.

Mes souvenirs de Sébastopol m'ont entraîné loin de mon point de départ technique, j'y reviens et je reprends la question de la ligne d'horizon qui nous a conduits en Crimée.

J'ai dit que sa recherche était l'objet de notre première préoccupation et qu'après l'avoir déterminée avec ses recoupements dans la nature, nous devions toujours être en mesure de la retrouver pendant l'exécution de notre dessin.

Lorsqu'elle peut être facilement jalonnée et sans perte de temps, dans les cas déjà signalés, elle deviendra la base sur laquelle nous mesurerons les distances ; et par un de ses points bien déterminé nous ferons passer une verticale limitée qui nous permettra d'apprécier les hauteurs, après avoir déterminé son rapport exact de dimension avec la base choisie.

Si, au contraire, sa détermination précise nécessite des recherches longues sans pouvoir même être bien définie, ce qui est le cas général pour un terrain où ne se trouvent pas de maisons dans les plans rapprochés, nous choisirons une horizontale quelconque et nous mesurerons les distances sur cette base. — La verticale conduite par l'un de ses points nous servira pour l'appréciation des hauteurs.

Sur l'une de ces lignes nous prendrons l'unité de mesure dont nous apprécierons à bras tendu le rapport exact avec une fraction de l'autre ligne. Nous établirons le même rapport sur les lignes du dessin après avoir arbitrairement choisi la longueur représentant l'unité de mesure.

Ces deux lignes, base et hauteur, ainsi constituées par l'unité de mesure prise dans la nature, sont l'échelle du dessin qui devra être rigoureusement conservée pendant l'exécution de la vue perspective quelle qu'elle soit, restreinte, ou étendue de façon à représenter un panorama.

J'ai souvent entendu dire à certains officiers qu'ils entreprendraient peut-être un croquis perspectif très limité, mais qu'ils se considéraient comme incapables de représenter une surface considérable du terrain. — Je comprends cette appréhension de la part de ceux qui procèdent avec des méthodes insuffisantes, et cette erreur a certainement motivé beaucoup d'abstentions, même de la part d'élèves animés d'un bon vouloir et convaincus de l'utilité de ce travail.

Il est donc indispensable, avant de les mettre en présence d'un panorama important, de leur expliquer sur un motif simple et très limité les procédés employés.

Nous pourrons les convaincre qu'ils arriveront à exécuter tout aussi facilement toutes les fractions du paysage, qui, convenablement réunies, leur donneront la solution du problème.

Considérons dans la nature un motif très simple dans lequel nous aurons à représenter des routes, des maisons et des terrains coupés par une ligne d'horizon très facile à trouver (*fig.* 26).

Celle-ci nous est donnée par l'une des toitures, ce sera sur elle que nous mesurerons les distances, et nous conduirons par l'un de ses points une verticale sur laquelle nous repérerons les hauteurs.

Nous nous supposons en présence d'une vue perspective très étendue dont (F) est un fragment et nous admettons qu'un intérêt particulier nous engage à commencer le dessin par la jonction des trois routes dominées par des mouvements de terrain dont une importance militaire exige la reproduction à une assez grande échelle.

Nous nous donnerons arbitrairement une verticale AH qui représentera la hauteur; H étant un point de la crête et A un recou-

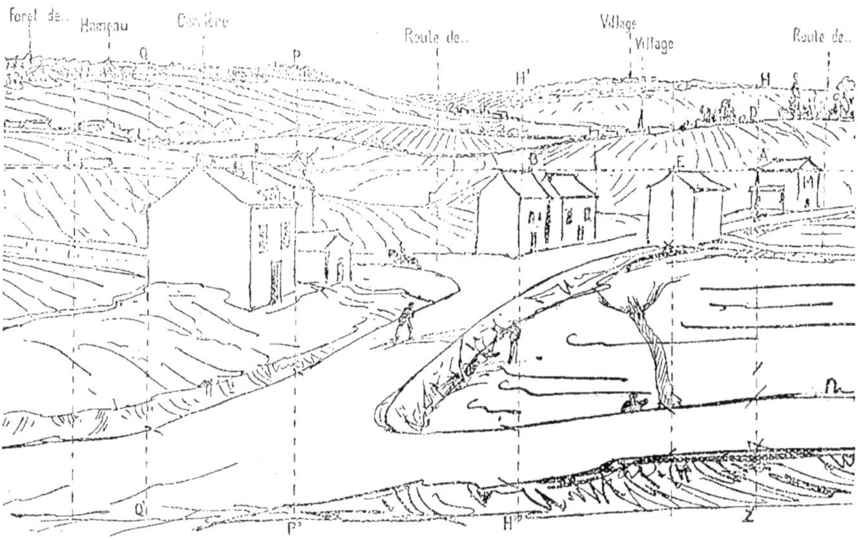

Fig. 26.

pement bien défini avec la ligne d'horizon. AH sera l'Unité de mesure que nous représenterons assez longue pour dessiner les détails de la fraction qui nous intéresse. Nous en prendrons très exactement la dimension dans la nature en tenant à bras tendu un crayon placé verticalement et sur lequel l'ongle du pouce servira de curseur. En rabattant cette dimension sans bouger le bras sur la ligne d'horizon, nous la compterons un certain nombre de fois jusqu'à un point bien défini de la ligne d'horizon soit B. AB sera la base qui nous servira à mesurer les distances sur la ligne d'horizon et A H la hauteur nous servant à déterminer toutes les hauteurs. — Nous établirons le même rapport de dimensions sur notre papier, alors AB et AH constituent l'échelle du dessin que nous devrons toujours conserver. — Nous pourrons marquer sur une bande rigide de papier repliée à angle droit les deux dimensions, base et hauteur, dont le rapport est constant avec celles observées dans la nature, et inscrire de même les dimensions mesurées à bras tendu.

Il est bien entendu que nous ne nous

occupons pas du papier, et que l'échelle choisie peut nous amener à dessiner un très petit morceau de paysage dans la même feuille. — Nous continuerons le dessin sur les feuilles suivantes ainsi qu'il sera expliqué.

Dans ce dessin très simple je constate que la ligne d'horizon coupe le paysage d'une façon précise, et a pu être facilement déterminée sans recherches, cas le plus général quand il y a des maisons. En effet, les lignes fuyantes en déterminent l'emplacement et dans l'exemple proposé la ligne d'horizon se confond avec le dessous du toit de la maison M et touche sur son parcours des points bien définis.

Nous mesurerons avec la même attention les subdivisions de la base et de la hauteur par des points remarquables repérés dans la nature, soit D sur la hauteur, E, I, B sur la base, et il est facile d'admettre qu'à l'aide de ces deux dimensions et de leurs subdivisions nous ayons pu dessiner exactement les détails intéressants de cette première zone H, H', H'', Z, au-dessus et au-dessous de la ligne d'horizon. — En établissant les maisons dans leurs dimensions et en observant les règles de la perspective nous avons dû vérifier à l'œil si les lignes fuyantes des bases indiquent ou non un chemin ascendant, ce qui aurait lieu si ces fuites ne concordaient pas avec celles des fenêtres et du sommet des portes qui vont concourir sur la ligne d'horizon.

Cette partie du dessin doit être entièrement exécutée, en établissant toujours des points d'une partie à dessiner par ceux déjà déterminés exactement à l'aide des unités de mesure (base et hauteur) et des recoupements horizontaux et verticaux, conformément aux principes généraux du dessin. Il sera facile de figurer les routes dans leurs dimensions et leurs courbes en appréciant par rapport à la ligne d'horizon un certain nombre de points de leur parcours.

Si je suppose cette première feuille de papier remplie, j'amorcerai sur la feuille suivante : d'abord la ligne d'horizon en repérant les accidents intéressants qu'elle coupe ou vient toucher dans la nature, puis les autres lignes du terrain ; je me préoccuperai aussitôt de mesurer dans ce nouveau paysage une hauteur et une base identiques à celles du précédent et constituant la même échelle du dessin.

Je trouverai toujours dans la nature deux points limitant cette base sur la ligne d'horizon, et par l'un d'eux j'élèverai une verticale représentant la hauteur correspondante, permettant d'apprécier l'élévation ou l'abaissement du point H dans le nouveau dessin.

Je remplirai cette seconde feuille comme la première, puis successivement les autres, soit en continuant de droite à gauche, soit en sens inverse, en numérotant chaque dessin et en l'orientant s'il y a lieu.

Ce mécanisme consistant à déduire méthodiquement d'une même échelle toutes les dimensions doit amener le dessinateur à une grande rapidité d'exécution quand il sera exercé à apprécier à l'œil toutes ses mesures après en avoir repéré deux exactement, et en s'étant habitué à élaguer de son dessin tout ce qui n'a pas un intérêt militaire.

Le dessinateur est toujours placé face à son tableau, et si le paysage est très étendu dans la même orientation, il pourra se déplacer horizontalement et parallèlement au tableau si le terrain le permet, afin de ne pas être obligé à tourner démesurément la tête pour étendre sa vision à droite et à gauche, ce qui constitue des inexactitudes de dimensions observées. Dès qu'il déplace les épaules, il change de tableau et doit inscrire l'orientation nouvelle donnée par la boussole. — La ligne d'horizon restant la même, et en conservant toujours la même unité de mesure, il peut continuer son dessin de telle sorte qu'en le supposant placé sur un point culminant, il pourrait faire un tour complet d'horizon.

Il arrive le plus souvent que la ligne d'horizon ne peut pas être déterminée sans des recherches assez longues, d'autres fois elle ne donne pas des recoupements bien définis dans la nature ; on se sert dans ces cas, et presque toujours pour économiser du temps, d'une ligne horizontale quelconque mieux définie et rapidement choisie sur laquelle on procède comme nous l'avons expliqué pour la ligne d'horizon, après avoir déterminé son rapport exact de dimension avec une hauteur passant par l'un des deux points qui la limitent. Il est toujours nécessaire de chercher sa situation approximative, si l'on ne peut faire mieux, par rapport à la ligne d'horizon. Cette ligne de base sera repérée et conservée pendant toute l'exécution de la vue perspective.

Ayant pris la hauteur pour unité de mesure dans la nature, j'ai choisi arbitrairement l'échelle du dessin et figuré cette ligne le plus haut possible dans la feuille, en laissant seulement la marge nécessaire pour inscrire les noms des points intéressants désignés par des Verticales ; cependant, j'ai dû constater que cette longueur permettrait de descendre jusqu'aux premiers plans, et d'établir une base suffisante pour mesurer les distances dans la première feuille de papier. — Pourtant, si la nécessité imposait une plus grande échelle, il vaudrait mieux coller une feuille de papier au bas du dessin pour les premiers plans et continuer les distances sur une autre feuille. La question de papier étant très secondaire.

Ces explications préliminaires étaient nécessaires pour les officiers que j'avais rencontrés à Arches, et qui m'avaient promis de m'accompagner sur un point d'où je devais exécuter un panorama. — A la suite de ces renseignements qui leur semblèrent d'une exécution facile, beaucoup d'entre eux étaient décidés à essayer eux-mêmes.

Très fier de cette victoire, je pensai qu'il était urgent de leur donner un peu de repos, et nous serrâmes crayons et papiers pour une seconde séance.

D'ailleurs, l'heure du déjeuner avait sonné depuis longtemps pour ces estomacs de vingt ans ; nous gagnâmes l'auberge où quelques jeunes camarades nous avaient précédés pour assurer notre service.

Leur précaution n'avait pas été inutile, en raison de l'encombrement de consommateurs pendant cette journée de fête nationale. — Là, je constatai, comme j'avais eu souvent l'occasion de le faire pendant mes voyages avec les officiers de l'école de guerre, que ces jeunes gens acceptent volontiers les exigences de cette sorte de vie de campagne. Ils avaient mis notre couvert dans une pièce indépendante de la salle à manger commune, où les hôteliers et leurs aides avaient un travail trop multiplié pour s'occuper de nous autant qu'ils l'auraient désiré.

J'avais souvent vu des officiers de l'école de guerre contribuer à la préparation de nos repas improvisés dans des villages, casser les œufs pour les omelettes, ou présider à la cuisson des poulets qui nous étaient destinés. — C'était toujours avec de joyeux lazzis qu'ils constataient que les œufs étaient brûlés et les volailles en fer blanc. — Ces déceptions culinaires ne portaient aucune atteinte à leur excellent appétit pas plus qu'à la gaieté, compagne inséparable de toutes les réunions de jeunes gens.

J'ai su que beaucoup de ces officiers jouissaient de fortunes se chiffrant par des sommes considérables, ils devaient être peu habitués à ces détestables menus, et encore moins à leur préparation, mais on n'aurait jamais pu s'en douter en raison de la joyeuse humeur avec laquelle ils acceptaient ces nécessités du moment.

Cette éducation militaire a son importance dans les voyages d'instruction des jeunes officiers et devient une préparation à la vie de campagne où ils devront accepter aussi gaiement toutes les misères et pourvoir le plus souvent eux-mêmes aux exigences de la vie matérielle.

Notre caractère français se plie facilement à ces nécessités et même aux privations de toute sorte imposées souvent par la guerre. Ceux qui ont fait le siège de Sébastopol ont pu l'éprouver et doivent rendre sous ce rapport hommage aux officiers de notre armée, donnant toujours l'exemple à leurs soldats au moment où les privations et les misères sont communes.

Ils ont pu apprécier les mêmes qualités chez les officiers Russes appartenant en grande majorité à une classe de la société où ils ont coudoyé pendant toute leur vie le luxe le plus raffiné. — Leur éducation première, au moins dans leurs familles, ne semble pas les avoir préparés à cette abnégation d'eux-mêmes qu'ils ont si énergiquement témoignée pendant les dures épreuves qui leur ont été imposées.

Pendant les armistices qui nous ont permis d'établir avec eux quelques relations, ardemment souhaitées de part et d'autre, nous ne les avons jamais entendus formuler une plainte ni même laisser entrevoir un coin de leur misérable existence dans leurs bastions. Ils peuvent nous rendre la même justice et affirmer que nos conversations ont toujours été empreintes de la gaieté que la jeunesse conserve en dépit des souffrances ; nous causions comme nous l'aurions fait sur le boulevard devant le café de Paris, en attendant l'heure d'un succulent dîner, alors que nous n'étions pas certains de trouver un morceau de viande salée derrière les épaulements où chacun reprendrait dans moins d'une heure son rôle d'ennemi.

Les Russes nous parlaient surtout des prétendus plaisirs dont nous jouissions dans le port de Kamiesch quand les exigences du service nous le permettaient (*fig.* 27).

Ils étaient bien mal renseignés, car les Anglais seuls avaient assez de loisirs et surtout d'argent, pour fréquenter d'une façon suivie les établissements interlopes auxquels les officiers Russes faisaient allusion. — Notre devoir était de ne pas les détromper et de leur laisser croire que nous étions très heureux.

Les circonstances de guerre ont pu seules

Fig. 27. — Crimée. — Le port de Kamiesch dit *Flibustopol* (août 1855).

nous initier les uns et les autres aux communes misères que notre devoir était de cacher. Le 7 juin, après le premier assaut du mamelon-vert, le sort des armes a mis entre nos mains un certain nombre d'officiers Russes.

Parmi ces prisonniers, blessés pour la plupart, se trouvaient quelques officiers d'artillerie, à qui l'énorme multiplication des bouches à feu imposait l'obligation de ne jamais quitter leurs batteries. — Ils vivaient dans les bastions, n'ayant pour lieu de repos relatif qu'un abri casematé dans lequel ils se retiraient pour manger ou dormir quand les dures exigences du service le leur permettaient. — Quelques fanatiques de musique y avaient apporté leur instrument favori. — C'est ainsi que nous avons trouvé, après l'assaut, dans la redoute Schwartz un piano sur lequel était encore un cahier de musique ouvert à la page interrompue par le bombardement.

Les officiers du mamelon-vert n'avaient pas encore eu le loisir de s'occuper des distractions, et c'est à peine si leurs abris étaient suffisants pour leur permettre d'y dormir. D'ailleurs nous avons lieu de croire que l'établissement si merveilleusement rapide de leurs travaux malgré le feu incessant de nos batteries, ne leur avait pas permis de songer à un repos de quelques instants.

Ces officiers, accueillis par nous comme ils méritaient de l'être, furent installés provisoirement dans un baraquement voisin du quartier général. — La première préoccupation du commandement fut de les mettre en possession de leurs bagages et l'on dut les interroger relativement aux démarches à faire pour leur procurer leurs cantines.

Ils demandèrent qu'on informât le gouverneur de Sébastopol de leur situation de prisonniers de guerre, mais ne purent donner aucune indication de logement dans la ville.

Ils n'en avaient pas puisqu'ils n'étaient jamais relevés de leur service ; ils durent nous avouer que depuis une quinzaine de jours qu'ils occupaient le mamelon-vert ils n'avaient pas reçu de linge en raison de la difficulté des communications avec la redoute de Malakoff, point de mire d'un bombardement incessant. — C'est dans le réduit de cet ouvrage qu'avaient été déposées les cantines contenant leur modeste bagage et ils avaient été avisés par les hommes chargés de ravitailler l'ouvrage avancé, en vivres et en munitions, que ces caisses étaient, momentanément, au moins, égarées. Le réduit avait été déménagé pour faire place aux nombreux blessés et il n'était pas invraisemblable que ces cantines n'eussent subi le sort de beaucoup d'objets brûlés dans l'intérieur du bastion ou détruits par le feu des assiégeants. — Le transport des morts et des blessés, le service des approvisionnements, déjà très difficile, étaient plus préoccupants que la recherche des bagages appartenant aux officiers.

C'est seulement après la prise de Sébastopol que nous avons pu constater les ravages causés par les incendies allumés volontairement par les Russes ou par les projectiles des assiégeants (*fig.* 28). Les bâtiments coulés pour défendre l'accès de la rade, les toitures effondrées par les bombes ou entièrement brûlées par les fusées offraient le plus navrant spectacle. Celui-ci témoignait en même temps de l'énergie des défenseurs prêts à tous les sacrifices. — Les prisonniers qui étaient forcés de nous avouer parfois leur misère le faisaient le sourire aux lèvres autant que le permettait leur grande douleur d'être tombés entre nos mains, et de ne pouvoir continuer la lutte.

Les moins misérables d'entre nous ont partagé, avec ces camarades si dénués, le peu de linge qu'ils possédaient, en attendant le résultat des démarches faites auprès de leurs chefs par la voie des parlementaires.

Nos soldats, eux-mêmes, étaient émus à l'aspect des preuves d'une pareille misère si noblement supportée par ces officiers dont la distinction des manières révélait l'origine et la parfaite éducation. — Ils parlaient généralement le Français avec la plus grande pureté et un charme particulier dans leur accent. — La seule chose qui nous étonnât, à cette époque, était de les entendre tous nous affirmer que nous ne prendrions jamais Sébastopol.

Vous êtes bien plus heureux, nous disaient-ils, que nos camarades, les défenseurs de Sébastopol : — Vous, du moins, vous avez l'espoir de prendre la ville, mais nous, qui avons la certitude du contraire et sommes en même temps convaincus de la ténacité des assiégeants et de leur sentiment du devoir, nous ne voyons pas de fin possible au drame qui se déroule devant Sébastopol.

Nous étions alors disposés à taxer ce langage de forfanterie, mais les événements nous ont prouvé depuis, malgré notre succès final, qu'ils étaient convaincus à juste titre de ce qu'ils nous affirmaient alors. — Ils avaient foi dans les chefs éminents qui dirigeaient la défense, et connaissaient mieux que nous les obstacles insurmontables accumulés chaque jour pour rendre inutiles les plus audacieux assauts.

La persévérance indomptable du général Pélissier, secondée par le courage héroïque de nos troupes, et aussi par une chance favorable, nous a mis en possession de Malakoff, mais les Russes ont repoussé cinq assauts après nous avoir assiégés nous-mêmes

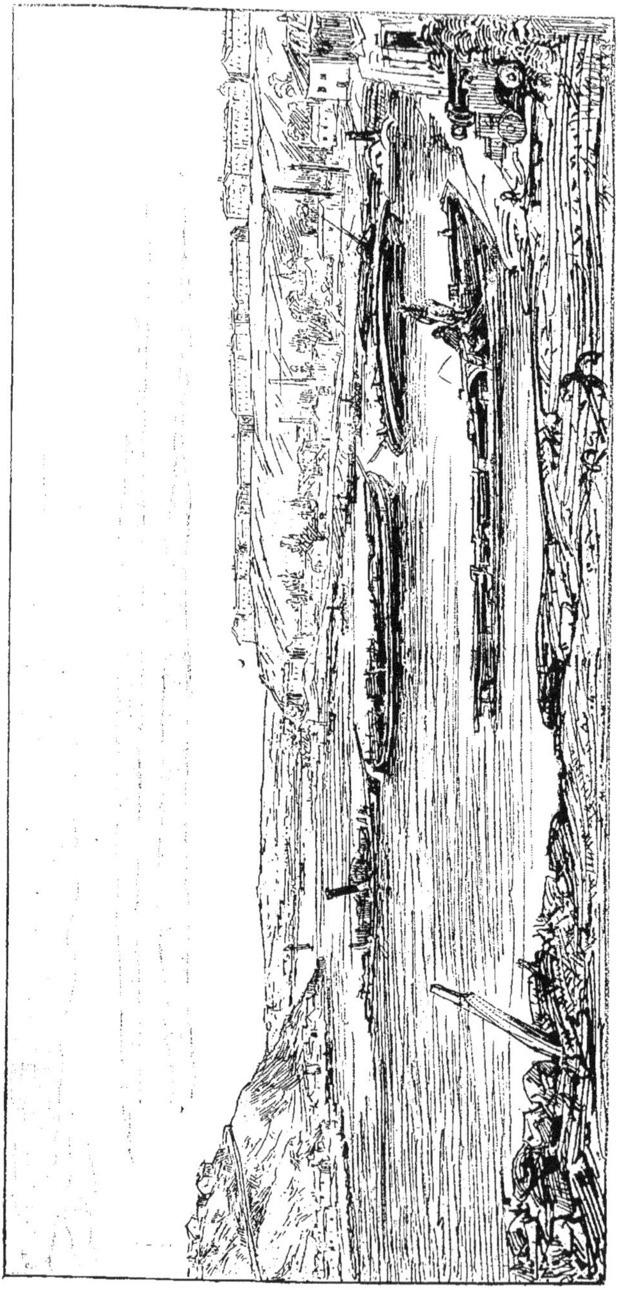

Fig. 28. — Crimée. — La rade de Sébastopol après l'assaut du 8 septembre 1855.

Fig. 29. — Crimée. — Vue de la partie sud de Sébastopol après l'assaut. — Postes avancés dans la redoute Schwartz et dans la ville en avant de la Maison-Verte (9 septembre 1855).

pendant une grande partie du temps consacré à nos approches.

La gloire de la défense est aussi mémorable que celle de l'attaque, ainsi que l'a dit un de nos généraux en parlant du siège de Sébastopol où il s'est distingué. — C'est là que nous avons cimenté, par une estime réciproque, la sympathie née de qualités communes aux deux peuples. Les champs de bataille nous ont permis de nous connaître et de nous apprécier, et si les événements politiques nous amènent un jour à combattre côte à côte un ennemi commun, nous ne serons pas deux nations étrangères unies par une alliance momentanée, mais des soldats frères par le cœur et sachant tout ce qu'ils peuvent attendre de leurs compagnons d'armes.

Nous n'avons pu nous rendre un compte exact de la magnifique défense de Sébastopol qu'après avoir pénétré dans la ville le 9 septembre en franchissant les bastions qui la protégeaient et nous avaient arrêtés la veille. — Du côté de la redoute Schwartz (*fig.* 29) nos avant-postes ne purent s'étendre au delà des dernières lignes de défense en raison des incendies et des explosions de poudrières éclatant à chaque instant dans la ville.

En se retirant, l'armée Russe avait laissé des volontaires fanatiques chargés de brûler les dernières maisons de Sébastopol et de faire sauter les magasins de poudre.

Les Polytechniciens, qui ont été mes élèves depuis plus de vingt années, savent que je fais partie de cette catégorie nombreuse de vieux militaires s'égarant volontiers dans les souvenirs du passé et aimant à ressasser leurs campagnes. Beaucoup ont exploité chez moi cette tendance pendant la correction de leurs dessins, avec l'espoir de me faire oublier le temps que j'avais à leur consacrer et d'abréger ainsi leur besogne.

Quoique je fusse très au courant de cette innocente supercherie d'élève, je m'y suis toujours laissé prendre sans regret.

Mes récits militaires ayant le plus souvent pour but d'affirmer l'utilité de notre enseignement dont l'application n'est pas toujours évidente pour les jeunes gens, je pensais rentrer dans mon programme.

Les camarades qui travaillaient à côté de nous pendant la correction pouvaient les recueillir et en bénéficier ; d'ailleurs, si mes souvenirs m'éloignaient parfois de mon point de départ d'enseignement, ils pouvaient encore être utiles, à un autre point de vue, à des jeunes gens destinés à suivre la carrière des armes.

Les officiers de Fontainebleau que j'avais rencontrés à Arches ne devaient être aucunement surpris par mes récits de guerre, et mes observations personnelles sur les Russes. Ils savent tous que je me laisse facilement entraîner dans de longues digressions, mais que le plus souvent elles précèdent le retour au côté technique et ne me font jamais perdre de vue le but que je me propose. — A Arches il était de décider ces jeunes gens à étudier avec moi un important panorama et le problème était difficile, car, il fallait faire exclusivement appel à leur bonne volonté, leur goût particulier ne les entraînant pas beaucoup vers ce genre de travail.

Il m'a toujours semblé que notre rôle n'est pas exclusivement limité à l'enseignement, mais qu'il comporte aussi le devoir de stimuler la bonne volonté des officiers, souvent peu convaincus du succès de leurs efforts, et la causerie est, j'en suis certain, l'un des moyens les plus efficaces.

Il est nécessaire de les mettre d'abord en présence d'un paysage simple, puis d'un autre plus compliqué, et de leur démontrer par l'application que l'exécution d'un dessin plus ou moins étendu n'exige que de l'attention et de la méthode, sans impliquer des aptitudes particulières. — La simplification des procédés pour apprécier les distances et les hauteurs, les déductions raisonnées de ces dimensions permettant d'établir avec précision une fraction du dessin d'après la précédente, engagent les officiers à aborder des difficultés qui leur semblaient insurmontables. Ils y seront amenés d'autant plus facilement en voyant exécuter rapidement devant eux des panoramas dont l'étendue et la multiplicité des détails les épouvantaient. Ils comprendront alors que la représentation de la nature dans les motifs les plus compliqués est identiquement basée sur les principes qui leur ont été donnés en présence des objets simples qu'ils avaient à dessiner.

Les nécessités de rapidité dans l'exécution

leur démontreront que l'œil doit le plus souvent remplacer les moyens mécaniques et particulièrement ceux que présente la règle divisée. Un officier ne doit jamais oublier que l'exercice du dessin a particulièrement pour but de l'habituer à lire avec précision sur le terrain.

Après leur avoir donné les quelques renseignements sommaires établis dans ce chapitre, j'ai réalisé mon désir de conduire les officiers de l'école d'application sur la station que j'avais choisie pour établir l'intéressant panorama d'Arches.

CHAPITRE VII

Renseignements sur l'exécution du panorama d'Arches. — Un croquis de la carte. — Choix d'une ligne de base. — Décomposition de ce travail en une série de dessins. — Comment peut être figuré un village do premier plan dont la représentation détaillée n'est pas utile. — Comment on passe d'une page à la suivante. — Conservation de la ligne d'horizon et de la même échelle. — Démonstration évidente de l'utilité des crayons de couleur pour préciser et simplifier le dessin. — L'officier doit arriver à déduire à l'aide de deux dimensions bien repérées toutes celles de son dessin si étendu qu'il soit.

Le croquis A, d'après la carte, représente ce que donne en planimétrie la zone que nous voulons étudier, depuis le fort d'Arches jusqu'au fort de la Mouche que nous n'apercevons pas, mais dont la direction nous est indiquée par la forêt de la Mouche, fraction de la grande forêt d'Epinal (*fig.* 30).

Le fort d'Arches est destiné à battre la vallée de la Vologne et une partie de celle de la Moselle. Les forts de la Mouche, de Razimond et des Adelphes couvrent avec lui le camp retranché en avant d'Epinal.

Nous allons suivre la route de Pouxeux à Arches, et nous établir à la cote 420 en V, sur le versant de la croupe où se trouvent des cultures et le bois d'Arches.

Là nous ferons face au fort d'Arches, c'est-à-dire dans la direction Sud-Est. — et nous dessinerons le panorama figuré par la planimétrie de la carte que nous aurons entre les mains, de préférence à tous les croquis tels que celui ci-joint. Ceux-ci ne peuvent avoir leur utilité qu'à défaut de carte, car elle nous donne tous les renseignements de côtes, de routes, de villages, etc... et nous pouvons facilement l'orienter par rapport aux lignes homologues du terrain. Nous pourrons donc toujours placer le dessin et la carte dans des conditions présentant une lecture facile des deux représentations par la planimétrie et par les vues perspectives.

Quand même nous n'aurions pas de carte, nous pourrions toujours indiquer, à une approximation suffisante, le point de vue choisi, en repérant une distance précise d'une route ou d'un accident quelconque dans son voisinage, et en déterminant son orientation et sa position approximative à l'aide de la boussole. — Deux ou trois visées de points repérés dans la nature nous donneront un recoupement qui jalonnera suffisamment la station pour permettre de la retrouver facilement sur le terrain ou sur la carte.

Dans le cas qui nous occupe, nous avons la carte en mains, notre point de station nous est connu, et nous allons dessiner le Panorama qui comprend le fort d'Arches dans la direction Sud-Est. — La vallée de la Moselle, l'entrée de celle de la Vologne dans la direction Est. — Nous suivons le cours de la Moselle en faisant face au Nord-Est — Enfin nous amorcerons la forêt d'Epinal par le bois de la Mouche qui nous donne la direction du fort de la Mouche.

Ce panorama est très étendu et en le considérant dans son ensemble, il se déroule suivant une surface cylindrique dont notre longue bande de papier sera le développement. — En lui donnant, après l'exécution de notre travail, la courbe indiquée par l'orientation. nous aurons la représentation de la portion de pays observée, telle qu'elle se présente pour nous et s'offrira de même au spectateur placé au point de visée V à la cote 420 (*fig.* 31).

L'intersection du plan d'horizon avec les tableaux successifs, à travers lesquels nous observerons le paysage, nous donnera toujours la même ligne d'horizon, sur laquelle nous prendrons l'unité de mesure choisie dans la nature et rapportée à l'échelle du dessin.

Celle-ci embrassera une plus ou moins grande étendue de terrain suivant la courbe décrite par les changements de point de vue, mais elle restera la même pour tous les dessins.

Dans le cas où les bases seraient mesurées sur une ligne horizontale quelconque, il importerait de déterminer exactement l'intersection de ce plan horizontal avec les plans successifs à l'aide de points bien définis par les accidents de la nature.

En cherchant à jalonner avec l'œil aidé d'un crayon ou d'un papier replié tenu horizontalement les intersections du plan d'horizon, nous pouvons trouver une horizontale mieux définie par des points intéressants de la nature, mais qui est plus ou moins éloignée de la ligne d'horizon. Nous n'hésiterons pas à tracer cette ligne comme ligne de base des distances mesurées à l'échelle. — Nous déterminerons à l'aide de ces mêmes mesures sa position par rapport à la ligne d'horizon

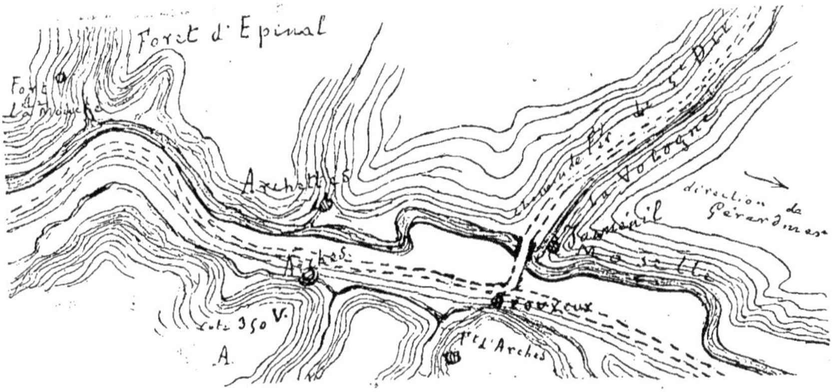

Fig. 30. -- Du fort d'Arches au fort de la Mouche (Vallées de la Vologne et de la Moselle).

quand nous aurons pu préciser celle-ci pendant le cours du travail ; si le paysage nous présente des maisons dans les plans rapprochés, les lignes fuyantes désignent approximativement la ligne d'horizon, mais il est possible qu'elle ne présente pas dans le paysage des recoupements permettant de la jalonner et de nous en servir pour mesurer les distances. D'ailleurs, nous ne devons pas oublier que notre travail nécessite une grande rapidité d'exécution qui nous interdit de perdre un temps précieux à la recherche d'une ligne d'horizon mathématique que nous ne trouverions jamais d'une façon absolue.

Sa détermination sera suffisante quand elle s'en rapprochera assez pour expliquer les lignes perspectives. L'observation des points intéressants pouvant être reliés par une horizontale nous donnera le plus souvent une meilleure ligne de base, — ce qui n'empêchera pas d'indiquer la ligne d'horizon le plus approximativement possible.

Ce travail qui semble double sera souvent beaucoup plus rapidement exécuté ; quelquefois la ligne d'horizon et l'horizontale choisie en raison de ses recoupements précis dans la nature seront dans un voisinage tel que nous pourrons considérer la ligne de base comme ligne d'horizon. — Ce qui sera le cas dans le panorama d'Arches, que nous allons représenter. —

Nous le décomposerons en une série de

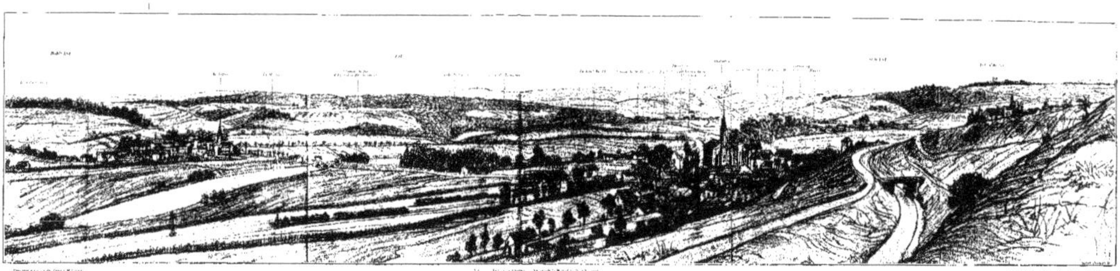

vues perspectives ainsi que nous l'avons expliqué.

En considérant cette vaste étendue, nous admettons qu'il est nécessaire de choisir une grande échelle qui présente clairement le fort sur son piton, la vallée de la Moselle et celle de la Vologne tels que nous les apercevons.

Je commencerai par me placer face au fort dans la direction Sud-Est (*fig.* 32).

J'ai devant les yeux des maisons m'indiquant assez clairement la position de la ligne d'horizon pour que je puisse la représenter par l'horizontale AB. A point extrême de l'arête d'une maison et B, pied d'un arbre observé sur la croupe T. Cett

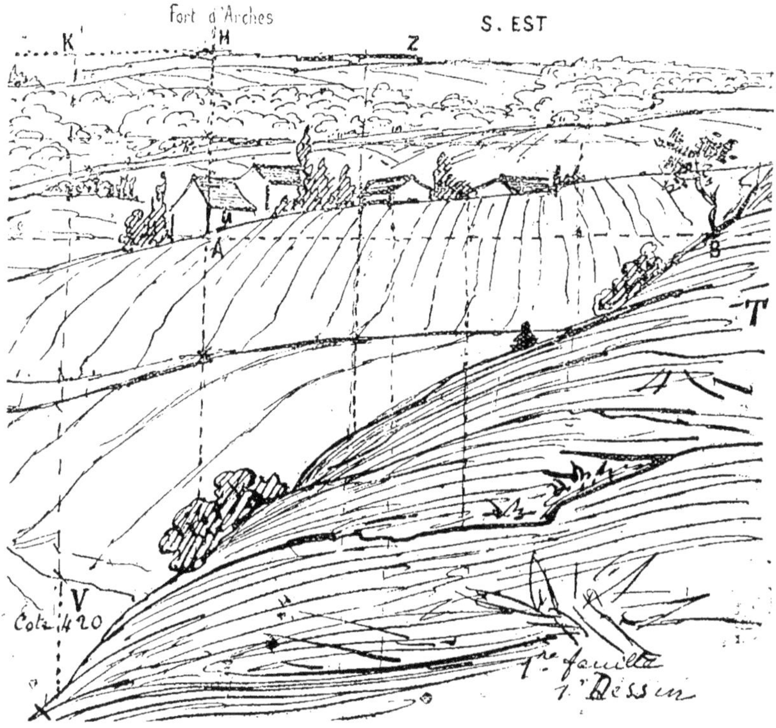

Fig. 32. — Panorama d'Arches (1re feuille).

ligne indéfiniment prolongée me donne des recoupements intéressants dans le paysage. — Par le point A j'élève une verticale coupant le fort à son sommet H. — Je me donne AH comme unité de mesure et je cherche à bras tendu son rapport avec une fraction de la base, soit AB. — Je représenterai AH par une longueur voulue sur mon dessin ; la base AB y sera figurée dans le rapport observé. — Ces deux lignes constitueront l'échelle du dessin. — Je subdivise ces deux lignes base et hauteur par des accidents de la nature, et je détermine au-dessus et au-dessous de la ligne de base un certain nombre de points me permettant de dessiner toute cette zone y compris le terrain sur lequel je suis placé. — J'amorcerai sur la feuille suivante la ligne d'horizon et quelques unes des grandes lignes du terrain à continuer.

Si j'exécute le dessin dans la même direction et sans être obligé de tourner les épaules je suis toujours dans les mêmes conditions par rapport au tableau et je puis continuer le dessin sur l'autre feuille avec la même orientation.

Je ferai remarquer qu'en me donnant arbitrairement la hauteur AH j'ai dû la placer très haut dans la première feuille après avoir observé que ce point culminant domine au moins une partie du panorama, et en choisissant l'échelle la plus grande possible, j'ai dû tenir compte des motifs à représenter dans le bas de la feuille.

Ceci revient à dire que le dessinateur, sans se préoccuper outre mesure de la dimension de sa feuille de papier, peut s'arranger de façon à faire cadrer les exigences d'une grande échelle avec la possibilité d'étendre les détails des premiers plans. — Cependant cette considération ne doit jamais prévaloir en présence de la volonté de représenter clairement

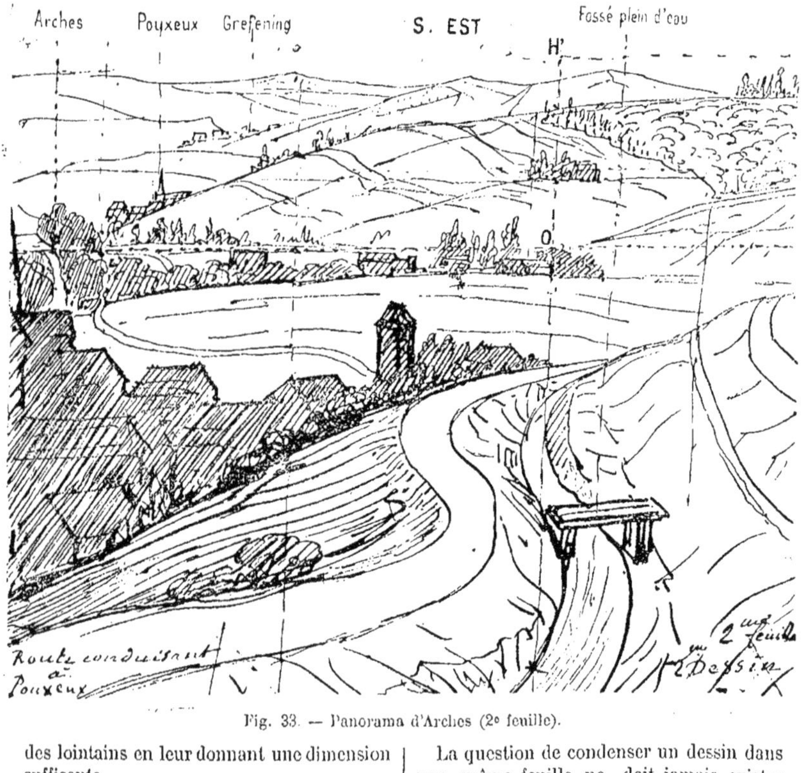

Fig. 33. — Panorama d'Arches (2e feuille).

des lointains en leur donnant une dimension suffisante.

Ce cas particulier ayant été examiné, page 17, en présence du panorama d'étude, il est inutile de reproduire les renseignements donnés pour obvier à l'inconvénient grave qui se produirait pour le choix de l'échelle, si la dimension du papier pouvait le limiter.

La question de condenser un dessin dans une même feuille ne doit jamais exister pour un officier au détriment de la clarté et de la précision des renseignements qu'on attend de lui. — Il ne se conformera donc au canevas indiqué que dans le cas qui se présentait pour moi dans le panorama d'Arches.

Dans le deuxième dessin (*fig.* 33), j'ai

amorcé la ligne d'horizon et les lignes principales du précédent; sur la première j'ai trouvé une distance OP correspondant à l'unité de mesure des bases prises dans la nature, et sur la verticale élevée par le point O j'ai observé de même la hauteur OH égale à AH.

Ces deux lignes prolongées et divisées par des détails observés, ainsi qu'il a été dit, me donneront des points au-dessus et au-dessous de la ligne d'horizon permettant d'établir le dessin de cette seconde feuille d'un bout à l'autre. —

Dans l'intérêt de la rapidité et de la justesse, l'officier fera bien d'indiquer sur l'angle droit de la feuille l'échelle du dessin, et les unités de mesure prises dans la nature qui ont servi à l'établir.

Arrivé à la configuration du village d'Arches, j'en trace la silhouette par quelques lignes dont certaines indiqueront les fuites et j'amorce encore la ligne d'horizon et les lignes principales sur la troisième feuille. Cette fois je suis obligé de faire un léger mouvement d'épaules pour faire face à un nouveau tableau et la boussole m'indique une nouvelle direction, que j'inscris sur ma feuille après m'être placé perpendiculairement à ce nouveau tableau.

Il est particulièrement nécessaire au moment des changements de tableaux de se replacer dans les conditions primitives ayant servi à jalonner la ligne d'horizon par des recoupements bien définis dans la nature. On doit s'assurer que le plan horizontal passant par l'œil détermine la même intersection que précédemment.

Dans le troisième dessin (voir le panorama d'ensemble (*fig.* 31), nous prendrons l'unité de distance et l'unité de hauteur égales aux précédentes et nous procéderons comme il a été expliqué. — Il me semble inutile d'insister plus longuement par des exemples sur ce mécanisme si simple consistant à conserver dans chaque dessin l'échelle choisie pour traduire toutes les dimensions observées dans la nature.

Il est nécessaire que l'officier s'exerce beaucoup à apprécier avec l'œil les rapports de dimensions, et ne s'habitue pas à toujours mesurer à bras tendu.

Le plus souvent il n'emploiera ce moyen que pour vérifier l'exactitude de ses observations.

D'après la méthode indiquée procédant par des déductions logiques, chaque zone déjà exécutée servira à représenter la suivante sans qu'il soit indispensable de revenir au point de départ. Chaque point déjà déterminé servira à en établir d'autres avec les recoupements horizontaux et verticaux à l'aide de lignes imaginaires. — Aucune ne doit rester figurée sur le dessin, pas même la ligne d'horizon ou la ligne de base. Dans le cas où elles auraient été tracées par le dessinateur elles devraient disparaître, pour ne pas surcharger le dessin de traits inutiles pouvant être confondus avec ceux qui ont un but dans la représentation du pays observé.

Il en serait de même pour l'échelle des bases et des hauteurs qui aurait pu figurer avantageusement pour le dessinateur dans une marge de chaque dessin. Ces indications et toute autre n'ayant servi qu'à faciliter l'exécution devraient être effacées pour faire place aux renseignements écrits.

Les croquis très sommaires joints à ce texte démontrent la grande utilité des crayons de couleurs.

La représentation des courbes décrites par la Moselle dans cette partie de la vallée est déjà très difficile à l'aide des crayons de couleurs, elle devient complètement obscure avec un simple tracé à la plume. — Dans les deux cas le dessinateur est amené à supprimer par places des aulnes et des ormes qui masquent souvent partout le cours de l'eau et forment simplement des bandes de verdure.

La ligne de chemin de fer ne peut être différenciée de la route qu'à l'aide de locomotives et de wagons très succinctement indiqués.

Quant au village du premier plan, qui pourrait être l'objet d'une étude spéciale, si les besoins militaires l'exigeaient, il est représenté par une masse occupant dans le paysage une position précisée par sa silhouette.

Je ne détaillerai pas plus longuement l'exécution du panorama d'Arches qui est placé sous les yeux du lecteur. Celui-ci pourra, comme exercice, continuer la série des dessins d'après les principes précédemment indiqués.

Si nous admettons que le dessinateur

dispose de feuilles de papier de même dimension, les bords horizontaux et ceux verticaux de la feuille lui traceront dans la nature des recoupements pouvant être utilisés pour vérifier l'exactitude des lignes déjà établies à l'aide du dessin précédent et celle de l'échelle transportée dans le nouveau dessin. Nous trouverons toujours dans la nature, soit sur l'horizontale employée pour base, soit sur des parallèles à cette ligne des points limitant l'unité choisie.

Si j'ai convaincu les officiers que la représentation du panorama le plus étendu peut être donnée par une série de dessins juxtaposés il importe beaucoup dans les travaux d'étude de choisir des motifs simples et restreints dans lesquels on appliquera la méthode de l'Unité de mesure prise dans la nature.

Toutes les mesures comparatives prises à bras tendu doivent être repérées avec le plus grand soin en ayant soin de se tenir toujours droit, d'allonger le bras de toute sa longueur afin de conserver toujours l'instrument à la même distance de l'œil, enfin de le placer rigoureusement (crayon ou bande de papier) verticalement et horizontalement suivant le cas. — Ces mesures servant de point de départ pour un dessin, ou de vérification pour les appréciations successives faites avec l'œil, doivent être prises plusieurs fois et contrôlées. — Elles sont la base de tout bon travail ou la cause des erreurs les plus graves suivant qu'elles sont bien ou mal établies. Dans ce dernier cas elles gênent l'œil qui perçoit souvent plus juste, mais elles s'imposent au dessinateur qui a commis l'erreur.

Je n'admets pas, ainsi que je l'ai dit déjà, le double décimètre, au moins comme règle graduée, ne comprenant pas le dessin de l'officier exécuté par des moyens mécaniques rendant l'œil paresseux et limitant l'esprit d'observation ; cependant les mesures comparatives doivent être très multipliées pendant les dessins d'exercice surtout comme vérification des appréciations de l'œil. — Leur but sera de contribuer à l'éducation de l'œil destiné à devenir pour l'officier un instrument de précision.

Le problème proposé ne sera résolu que le jour où l'officier, rompu par cette sorte de gymnastique de la vue, pourra déduire d'une base et de son rapport avec une hauteur toutes les dimensions avec les détails de son dessin. Il ne doit pas dédaigner les mesures plus que ne le font les artistes les plus exercés, mais il est absolument nécessaire que deux ou trois très justes suffisent pour le guider dans le travail si complexe qu'il doit exécuter.

Son but sera atteint quand il aura acquis une habileté d'observation lui permettant d'écrire son dessin d'un bout à l'autre comme une lettre, en commençant indistinctement, mais suivant la nécessité, par la gauche, par la droite ou par le milieu. — Chaque coup de crayon doit avoir sa signification comme un signe de l'écriture. Peu importe l'habileté de main pourvu que le dessin soit lisible ; qui donc a jamais critiqué la calligraphie d'un bon mémoire distinctement lu à la lueur d'un feu de bivouac.

C'est la seule qualité que doive ambitionner un officier, et peut-être arrivera-t-il à celui paraissant le moins doué par les arts, de remplir mieux sa mission que tel autre réputé pour ses aptitudes spéciales.

Conformément à mes principes d'enseignement, j'exécutais ce panorama d'Arches devant les officiers de Fontainebleau, en énumérant à haute voix mes appréciations sur les distances et sur les hauteurs comparées aux unités choisies. — Par exemple : à une demi longueur d'unité de base ; nous trouvons le point A, et à deux hauteurs au-dessous le point B de la route... Ces appréciations comportant des multiples ou des sous multiples exacts sont toujours faciles soit à l'œil, soit à l'aide du crayon tenu à bras tendu. — Les fractions d'unité en plus ou en moins devront souvent être appréciées à l'œil par le dessinateur. — C'est ainsi que je définissais la position d'un point en disant qu'il était à un peu plus d'une demi longueur d'unité.

J'ai toujours été étonné d'entendre autour de moi des appréciations qui concordaient absolument avec les miennes relativement à ces mesures. — Les jeunes officiers me prouvaient ainsi qu'ils percevaient très justes les rapports de dimensions, ce qui revient à dire qu'ils dessinaient parfaitement avec leurs yeux avant d'avoir osé tracer leurs impressions sur le papier.

Dans ce cas j'étais absolument certain que

cette sorte de révélation d'aptitudes ignorées entraînerait des essais toujours suivis de succès.

J'ajouterai, qu'après ces premières tentatives, beaucoup d'officiers de l'école de guerre se sont passionnés pour ce genre de travail au point d'exécuter des vues perspectives et des panoramas dans toutes les circonstances qui les amenaient sur le terrain.

Parmi eux je pourrais citer beaucoup de capitaines d'artillerie ou du génie n'ayant jamais dessiné depuis leur sortie de l'Ecole Polytechnique, et qui m'avaient déclaré ne pas avoir l'intention de renouveler leurs tentatives infructueuses à cet égard.

Néanmoins ils me témoignaient le regret d'être si peu aptes à ce genre de travail dont ils avaient eu l'occasion d'apprécier l'utilité. Pendant les voyages d'instruction qui nous conduisaient parfois à quelques centaines de mètres de la frontière ils enviaient le sort de leurs camarades assez exercés au dessin d'après nature, pour pouvoir emporter un souvenir plus vivant que celui fourni par la carte.

Ces mêmes officiers dessinent aujourd'hui tous les panoramas qui les effrayaient alors, non seulement pendant leurs voyages géographiques ou topographiques, mais pendant tous les autres qui ne comportent pas ce genre d'études.

CHAPITRE VIII

Présentation de quelques panoramas exécutés pendant mes voyages dans l'Est avec les officiers de l'école de guerre. — Panorama de Blamont, sa comparaison avec la carte du pays représenté. — Récit d'une aventure désagréable à Blamont où les dessinateurs sont facilement qualifiés d'espions prussiens. — Utilité de l'uniforme d'officier, quand on veut dessiner d'après nature dans les départements de la frontière et même dans beaucoup d'autres.

Quelques-uns des élèves de Fontainebleau qui venaient de dessiner avec moi le panorama d'Arches me faisaient quelques objections à propos des difficultés particulières que leur présentaient des zones de terrain ne comportant pas de jalons appréciables comme peuvent l'être par exemple les maisons, les villages, et n'offrant qu'une série de mouvements de terrain très sommairement indiqués sur les cartes.

Je cherchai dans ma collection de vues de ce genre un panorama que j'avais dessiné avec les officiers de l'école de guerre aux environs de Blamont pendant l'un de nos derniers voyages.

Je pus en même temps leur présenter un croquis de la carte car j'ai l'habitude de toujours joindre ce renseignement à mes dessins perspectifs.

Nous devions nous porter sur une croupe A. qui domine Blamont situé à environ 300 mètres dans la direction S. O.

De cette station, en faisant successivement face au Sud, au S. E. et à l'Est, nous suivions une partie du cours de la Vezouse qui prend sa source dans les contreforts occidentaux des Vosges, dans la direction de Raon-sur-Plaine l'un des points extrêmes de notre frontière.

Elle passe à Cirey-les-Forges à 3 kilomètres de la délimitation de notre territoire, descend à Blamont et va toucher Lunéville très près de son confluent avec la Meurthe.

Cette vallée est à la fois bien triste et intéressante car elle est limitée au Nord et à l'Est par la frontière qui ne s'écarte de Blamont que de quelques kilomètres. A sept kilomètres de Blamont se trouve Avricourt au point de jonction de notre chemin de fer de Lunéville avec le chemin de fer allemand de Sarrebourg. — La gare allemande qui est en même temps un point de station militaire porte le nom de Deutch-Avricourt. — Des poteaux indicateurs limitent la zone allemande dans cette petite localité.

J'enregistre dans mes tristes souvenirs les quelques moments que j'ai dû y passer.

Cependant, je n'ai pu résister au désir de faire un croquis que je joindrai à celui de la carte (*fig.* 34 et 35).

Je reviens à l'exécution du panorama limité à une fraction de la vallée de la Vezouse, au chemin de fer conduisant à Cirey, à la direction de celui qui aboutit à Avricourt, enfin à une partie de la route qui passe par Frémonville et va couper la frontière dans la direction de Sarrebourg.

Nous sommes placés face à la Vezouse direction Sud en une station (V) cotée sur la carte 410 et à une distance environ de 300 mètres de Blamont que nous n'apercevons pas.

Les recherches de la ligne d'horizon nous indiquent par son emplacement mal défini qu'elle ne pourra pas être utilisée, et nous cherchons dans la zone qui nous semble particulièrement intéressante une horizontale dont une partie va nous servir d'unité.

Soit AB limitée dans la nature par des arbres longeant cette partie du cours d'eau, en élevant BH nous avons la hauteur correspondante comprise trois fois dans la base (*fig.* 36).

Si nous avons tracé cette ligne de base arbitrairement choisie, nous la prolongerons par la pensée à l'aide d'un crayon placé horizontalement à bras tendu et nous observerons les recoupements nous donnant des points précisés dans la nature et particulièrement dans la fraction de zone que nous allons traduire dans la première feuille.

Dans cette feuille n° 1 portant l'indication de la direction Sud, la ligne AB prolongée coupe le terrain en des points F, C, D, E, que nous déterminerons facilement, et dont nous apprécierons les distances. Par chacun d'eux nous tracerons des verticales pour déterminer à l'aide de la hauteur les points principaux d'élévation ou d'abaissement au-dessus et au-dessous de cette ligne horizontale.

Nous dessinerons dans cette feuille (n° 1) la configuration du mamelon au pied duquel se déroule la Vezouse, cette fraction de la vallée coupée par un chemin de fer et une route, etc... la ligne horizontale et les lignes

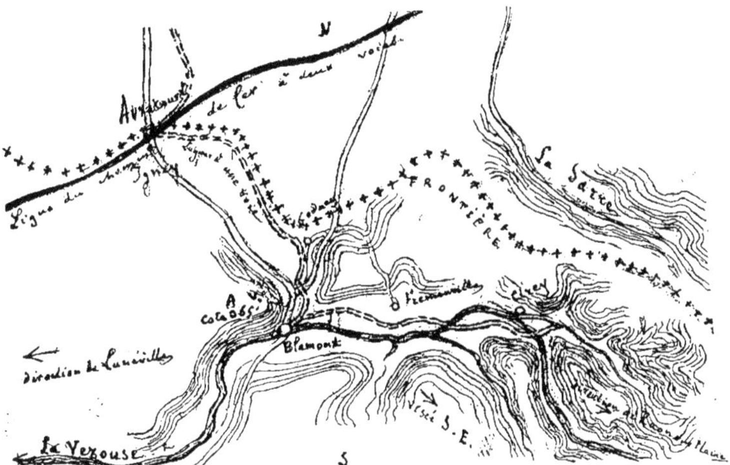

Fig. 34. — Vallée de la Vezouse.

principales de ce premier dessin (n° 1) seront amorcées dans les feuilles suivantes (n° 2 D.) — direction Sud (n° 2 G.), direction Sud Est... ainsi de suite.

Cette représentation du terrain doit être particulièrement donnée par les lignes de pente justement observées, soit par le tracé des cultures, soit par les rigoles creusées dans les flancs de la vallée et même dans les environs du talweg où les terrains semblent tout à faits plats. — Ces lignes toujours lisibles dans la nature indiquent les lignes de plus grande pente; il est nécessaire de les observer avec soin.

Dans le paysage que nous représentons, nous constatons de fréquents changements de lignes de pentes sur la même croupe. Cette particularité nous révèle la présence de sentiers ou de crêtes militaires qui doivent attirer notre attention. — Il est visible que quelques-unes de ces crêtes signalant un sentier sont bordées de haies touffues, pouvant masquer la présence de tirailleurs ou leur servir d'abri pour la fusillade.

Il est nécessaire de figurer de même, à l'aide des arbres ou des haies qui les bordent, les fossés creusés par des ruisseaux qui descendent dans le cours d'eau principal, et l'encaissement de certaines voies de communication pouvant aussi abriter des tirailleurs. — Ces accidents seront l'objet d'une étude très spéciale dans le service des reconnaissances, car la poudre sans fumée leur donne une importance particulière. L'échelle choisie devra toujours être suffisante pour permettre à l'officier de préciser ces importants accidents de terrain. — Ils pourront même être signalés dans les marges.

Il est facile de se rendre compte, en raison du procédé employé, que l'étendue d'une vue perspective ou d'un panorama n'a pas de limite. C'est ainsi que le développement du panorama de la vallée de la Vezouse dont je présente un fragment atteignait la dimension de $1^m,70$.

Enfin, si dans le paysage observé, la ligne de base choisie sur une horizontale définie, cessait d'être aussi bien repérée par des accidents, et que la nature en présentât une plus favorable au-dessus et au-dessous, le dessinateur l'utiliserait en indiquant exactement la trace de la première par la différence des hauteurs.

Ces explications en présence de la nature

Fig. 35. — Igney-Avricourt (frontière), 1889.

et beaucoup d'autres motivées par l'examen du terrain compléteraient ce canevas trop sommaire, que les officiers développeront eux-mêmes par l'application. — Ils constateront qu'il n'est pas impossible, ni même aussi difficile qu'ils se l'imaginaient de traduire une vue perspective ne comportant que des mouvements de terrain dans lequel on ne rencontre ni maisons ni villages.

La méthode de l'unité de mesure prise dans la nature, et rapportée sur le dessin à une échelle arbitraire mais déterminée par un rapport constant entre deux lignes, donne le moyen d'établir les dimensions des différents accidents de la nature, et le modelé du terrain est indiqué par les lignes de culture, les fossés et les rigoles.

J'ai stationné deux fois à Blamont pendant mes voyages avec les officiers de l'école de guerre. Ce pays est bien gravé dans mes souvenirs par l'impression qu'il m'a laissée de ses paysages dans le voisinage de la frontière, et aussi par deux épisodes que je ne saurais oublier.

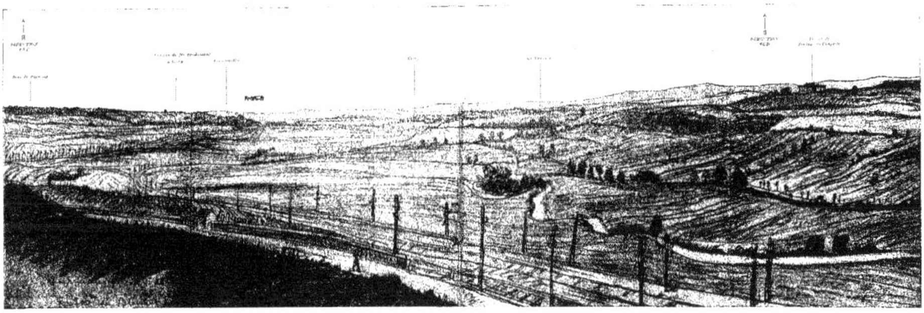

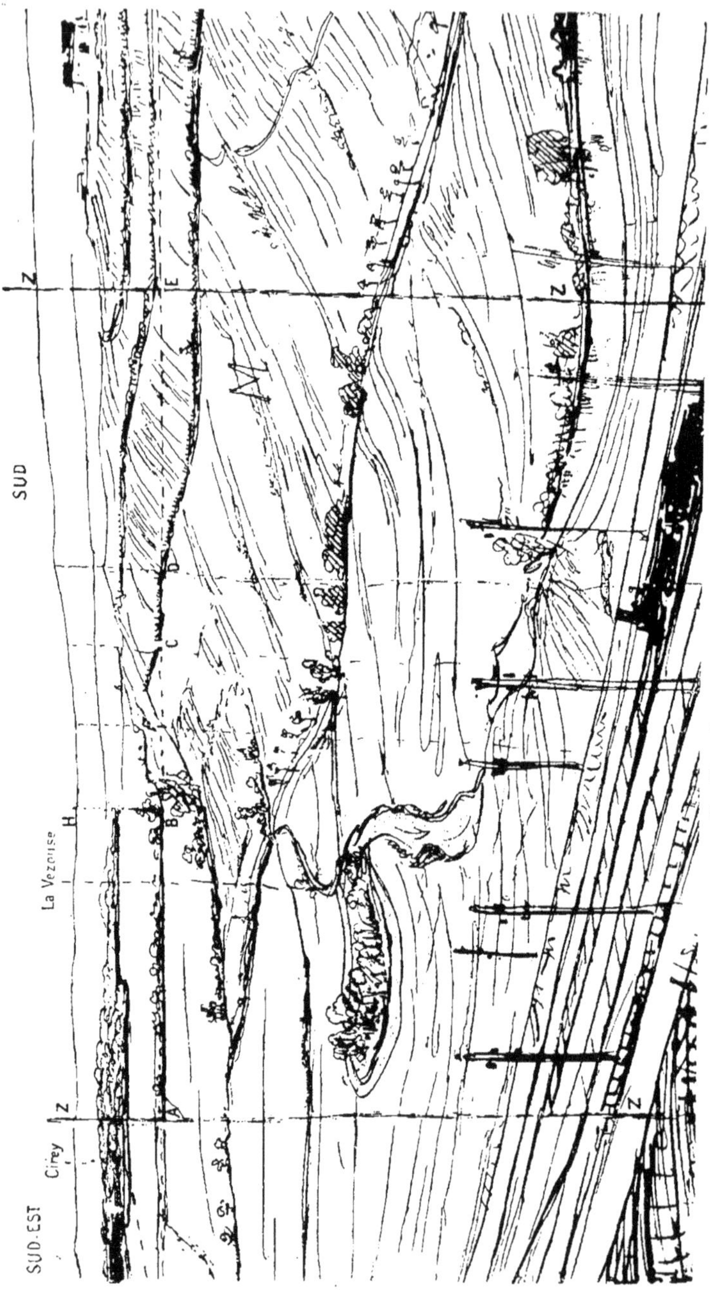

Fig. 36. — Panorama de Blamont (détail).

La première fois que je suis venu à Blamont, précédant d'un jour la colonne des officiers, j'ai malheureusement très émotionné le pays par mes travaux panoramiques et je n'ai pas tardé à être regardé comme un espion prussien.

Dès la première heure du jour j'avais loué une voiture pour me rendre à Frémouville et à Cirey dans le but de visiter et dessiner la frontière. — Conformément aux usages du pays, l'hôtelier m'avait confié, sous caution, le modeste équipage qu'on appelle en Italie un Coricolo et en France un tape-cul. Cette dernière qualification était amplement justifiée par la rigidité de l'unique planche servant de siège sur laquelle rebondissaient de concert le voyageur et son conducteur. Grâce à Dieu, les secousses pouvaient me faire rouler comme une épave tout le long de la banquette sans m'imposer pour point d'appui le cocher traditionnel aussi gênant par son odeur que que par sa conversation.

Le cheval que je conduisais acceptait bien volontiers les fréquents arrêts me permettant de dessiner sans descendre de voiture. — C'est ainsi que l'animal, le tape-cul et moi avons éveillé l'attention de nombreux paysans se rendant pédestrement ou dans leurs charrettes à Blamont, où les attirait ce jour-là un marché exceptionnel désigné sous le nom de la Grand'Foire.

Le hasard m'avait mal servi en me conduisant d'une façon si intempestive sur ces routes habituellement désertes. Tous les marchands de cochons et de chevaux de la contrée avaient remarqué le tireur de plans posté avec son char-à-bancs sur les bas-côtés des routes, et cette rencontre avait engendré aussitôt des suspicions dangereuses pour ma sécurité.

Ma tournure militaire dans un costume bourgeois agrémenté de bottes éperonnées, que ne justifiait pas mon moyen de transport, fit répandre la nouvelle qu'un officier prussien dessinait sur la frontière ; elle fut promptement communiquée dans le marché et parvint très vite à la gendarmerie.

J'étais loin de soupçonner de pareils événements pendant que je dessinais avec acharnement tous les sites intéressants avoisinant la frontière.

Cependant, un fait, quoique peu remarquable, m'eut probablement servi d'avertissement dans ce sens, si mes préoccupations artistiques m'eussent moins absorbé.

Un enfant gardait des oies dans mon voisinage et se préoccupait visiblement beaucoup plus de moi que des volailles qui lui étaient confiées. Il montait sur les talus, les tas de pierres et grimpait même le long des arbres pour satisfaire sa curiosité instinctive. Tous ceux qui dessinent en plein air ont pu s'étonner comme moi d'attirer derrière eux tant de gens de tous les âges absolument étrangers autant qu'indifférents à ce qui est du domaine de l'art. — Ceux-ci veulent voir la production mais surtout le dessinateur puisqu'ils se plantent le plus souvent devant lui.

L'enfant, qui tournait depuis longtemps autour de ma voiture sans rien voir malgré ses efforts, prit subitement sa course dans la direction d'une ferme voisine, et attira mon attention par les hurlements de désespoir qu'il poussait.

Je crus qu'il était arrivé un accident à l'une de ses oies émondant les herbes du fossé, je me trompais, car au mouvement que je fis pour me renseigner, elles allongèrent toutes le cou dans ma direction en y joignant ce glapissement habituel qui formule indistinctement une menace ou un témoignage de sympathie.

Leur attitude ne signalait aucun désordre dans le troupeau mais plutôt un certain étonnement de cet abandon inexpliqué de leur gardien.

Peu de temps s'était écoulé quand une rumeur indistincte s'éleva tout à coup dans la direction de la ferme.

L'enfant avait signalé le grave événement qui avait motivé ses cris et sa fuite, je le distinguais cachant à moitié sa tête derrière le tablier de sa mère, en ayant eu soin de se réserver un œil pour ne pas me perdre de vue.

La femme piaillait très haut, mêlant des menaces incessantes à ses consolations qui semblaient impuissantes, et s'acheminait de mon côté, escortée à distance, par une cohue de filles de basse-cour et de jeunes garçons de ferme très surexcités.

Quand ce petit corps d'armée, précédé d'une avant-garde de gamins audacieux, fut arrivé à ma hauteur sur le versant du fossé, je connus la cause invraisemblable du désespoir de mon petit compagnon.

Sa mère me révéla qu'à travers ses sanglots l'enfant avait articulé la phrase suivante : « Y a sur la route un Prussien qui écrit mes oies ! » Elle crut devoir ajouter quelques explications ayant une intention probablement aimable, mais formulées de telle façon qu'elles laissaient clairement percer ses appréhensions personnelles.

« Nous sommes si près de la frontière, disait-elle, que les Prussiens peuvent venir à chaque instant ; défunt mon père qui les a vus en 70 nous recommandait toujours de nous méfier des espions qui sont tous des dessineurs ou des tireurs de plans, il ajoutait souvent : quand vous les verrez sur la frontière, les armées allemandes les suivront de près ».

« Vous devez en savoir plus long que nous là-dessus, bien sûr ! » — et ces dernières phrases étaient accompagnées d'un regard investigateur très significatif.

Ces souvenirs me sont venus depuis les événements qui ont suivi ce petit incident. J'avais oublié de même que deux gendarmes m'avaient croisé sur la route de Frémouville à Cirey. En saluant militairement mon ruban de la Légion d'honneur ils cessèrent de s'avancer vers moi après s'être consultés du regard. — Je me suis rappelé ce fait et j'en ai conclu que ma décoration m'a probablement valu de ne pas être arrêté, ou tout au moins abordé par ces fonctionnaires informés de la présence d'un dessinateur suspect.

A mon retour à Blamont pour l'heure du déjeuner je fus très étonné du changement très visible de l'accueil que me fit mon hôtelier et encore plus des questions multipliées qu'il m'adressa au moment où il me présenta son livre établissant l'identité des voyageurs.

Mon porte-manteau devant m'être apporté le lendemain par les fourgons de l'école de guerre, je n'avais pas de bagages et il m'en fit la remarque en témoignant une médiocre confiance dans l'explication que je lui en donnai. En outre, sa voiture n'était plus disponible pour l'après-midi ainsi qu'il avait été convenu, et je constatai dans la salle à manger, de la part des convives et des gens de service, un éloignement et une froideur que je ne pouvais pas m'expliquer.

Le vide s'était fait autour de moi et les marchands de bœufs et de cochons, si bruyants d'habitude dans les tables d'hôte des petites localités, parlaient à voix basse et chuchotaient en me jetant un coup d'œil à la dérobée. — J'étais si éloigné d'en soupçonner le motif que j'attribuais à des raisons très différentes la sorte d'ostracisme dont j'étais frappé.

Les événements qui suivirent prirent une tournure plus dramatique car je sortis de table très malade et dans la nécessité de m'aliter.

L'hôtelier avait cru devoir donner une satisfaction à l'opinion publique en faisant absorber au prétendu prussien une de ces potions violentes dont l'effet est immédiat et qui dût beaucoup divertir sa clientèle. — Il s'était assuré de même que l'espion ne pourrait pas regagner la frontière avant vingt-quatre heures, puisque la gendarmerie moins perspicace refusait d'arrêter le dessinateur décoré, avant l'arrivée du détachement de l'école de guerre, dont il prétendait faire partie.

L'incrédulité de l'hôtelier était d'autant plus complète à cet égard, qu'il n'avait jamais vu un seul bourgeois dans cette colonne d'officiers qui venaient chaque année à Blamont.

Les généraux eux-mêmes quand ils en faisaient partie étaient toujours en uniforme réglementaire ainsi que tous les officiers. — C'était également l'avis des vieux habitués des places publiques où ils admiraient chaque année depuis longtemps la belle tenue de l'école supérieure de guerre.

Jusqu'à plus ample informé le dessinateur était un espion bien renseigné sur le voyage d'instruction des officiers qui longeaient la frontière.

Je dois me considérer comme très heureux qu'un doute, si léger qu'il fût, ait empêché ce fanatique de m'empoisonner tout à fait.

Je fus très souffrant sans inspirer la moindre compassion à mes hôtes qui savaient mieux que moi le peu de gravité de cette indisposition.

Le lendemain, la visite du commandant, qui dut jeter une grande perturbation dans l'hôtel, éclaira ce mystère : cet officier me révélant que depuis vingt-quatre heures j'étais filé comme espion prussien.

L'officier de gendarmerie, informé de la qualité que je m'étais attribuée, avait suspendu l'exécution de ses ordres primitifs, jusqu'à l'arrivée du détachement, mais il avait été lui-même recueillir la confirmation de mes assertions. — Je pus dès lors reconstituer les faits auxquels avait donné lieu cette méprise et en déduire avec certitude l'origine de ma maladie.

Je fus d'autant mieux confirmé dans ma conviction que l'hôtelier avait jugé à propos de disparaître de la maison aussitôt après l'arrivée du commandant. Les officiers du détachement ne mangeant pas dans l'hôtel je n'eus pas l'occasion de revoir mon empoisonneur, pour qui son patriotisme plaidait vis-à-vis de moi les circonstances atténuantes.

Cet incident de voyage a tellement amusé mes jeunes camarades que j'ai très vite oublié son côté désagréable, et les souffrances physiques qui en ont été la conséquence.

De cette anecdote je vous engage à tirer la conclusion suivante : « Il est très dangereux de circuler en bourgeois dans les pays où l'on n'est pas connu et particulièrement d'y stationner pour dessiner. » Le souvenir des espions Prussiens hantera encore pendant longtemps les cervelles des Français, et tout dessinateur est suspect. J'ai eu l'occasion de vérifier ce fait, non pas exclusivement dans le voisinage des frontières, mais aussi dans les départements très éloignés qui ont souffert de l'invasion.

J'ai été arrêté malgré des pièces officielles établissant mon identité et conduit devant les autorités du pays ; beaucoup d'artistes peintres ont éprouvé les mêmes désagréments.

CHAPITRE IX

Incident de route entre Paris et Raon-l'Etape où je rejoignais les officiers de l'École de guerre. — Notre ascension à la Pierre d'Appel. — Panorama établi de ce point élevé. — Les lignes de culture indiquant les pentes. — Les chemins tracés sur les croupes ainsi que les crêtes militaires. — Les grands dessins peuvent seuls donner des renseignements de ce genre, et ceux qui sont intéressants dans les lointains. — Ces panoramas et quelques autres de ma collection en fournissent des exemples.

Je ne saurais trop vous recommander de toujours être revêtus de votre uniforme quand vous dessinerez dans la campagne, ce qui vous arrivera très souvent, je l'espère. — D'ailleurs, j'ai souvent constaté, depuis que je n'appartiens plus à l'armée, que les officiers en tenue évitent une infinité de désagréments qui prennent souvent pour les bourgeois des proportions inquiétantes. — L'uniforme est un passe-port inspirant immédiatement la confiance, et qui soustrait celui qui le porte à une inquisition minutieuse que n'évite jamais dans certains cas un Monsieur quelconque.

Je l'ai particulièrement éprouvé pendant mon dernier voyage dans l'Est où je rejoignais à Raon-l'Etape un détachement des officiers de l'Ecole de Guerre visitant cette partie des Vosges qui forme la vallée de la Meurthe, dont je vous montrerai quelques panoramas et des vues perspectives.

J'avais pris à Paris le train de nuit avec l'espoir d'abréger par le sommeil cet énorme voyage ; c'est ainsi que procèdent d'habitude les hommes assez jeunes pour dormir dans les plus mauvaises conditions de confortable.

Je dois confesser que je ne compte jamais avec les années qui apportent un si grand changement dans les aptitudes physiques, aussi, de même que je montais à cheval pour accompagner les officiers, je prenais comme eux les trains du soir avec l'espoir de dormir et de me réveiller seulement au gîte comme autrefois.

Pendant cette inoubliable nuit, je cherchais en vain une position acceptable, car j'attribuais à toutes la cause de mon insomnie, et j'avais roulé ainsi d'un côté sur l'autre avec cette agitation fiévreuse aussi gênante pour les voisins que pour soi-même, quand il me vint une funeste idée.

Je pensai avoir enfin dépisté mon ennemi, en attribuant à la lumière mon impuissance à partir pour le pays des songes et je me décidai brusquement à en finir avec cette gêne.

Dans cet état maladif qui n'est pas le sommeil, mais enlève la parfaite lucidité des sens, je tâtais rageusement dans l'ombre du plafond, pour découvrir le ressort qui tend immédiatement un voile sur le réflecteur incommode auquel j'attribuais mon insomnie, je me suis souvenu depuis de l'effort considérable que je fis en tirant ce bouton, et certainement hors de toute proportion avec le but que je me proposais.

Le voile ne se présenta pas devant le réflecteur, et pendant que je me rejetais en maugréant dans mon coin, je pensais avoir probablement cassé le mécanisme hors d'état d'affronter une pareille secousse. Cependant, le mouvement que je m'étais donné avait sans doute mieux servi mon projet que l'atténuation projetée de la lumière n'eut pu le faire, car pour la première fois je m'endormis.

Je ne sais combien de temps dura pour moi cet état léthargique si ardemment souhaité, mais je ne saurais oublier l'étrange tableau qui se déroula devant mes yeux encore troublés par les visions du sommeil.

Une lanterne, tenue par un employé bruyant suivi de plusieurs autres, dardait ses rayons aveuglants sur les hôtes du compartiment, brutalement éveillés et protestant énergiquement contre les imputations dont ils me semblaient être l'objet.

Je ne comprenais rien à cette scène qui se prolongeait certainement depuis un certain temps car je me souvenais particulièrement d'une sensation de froid pendant mon sommeil, ce qui me prouvait que la portière avait été d'abord ouverte par un employé et que l'invasion de tous les autres était postérieure à cet événement.

Le premier avait dû négliger de fermer la porte du wagon pour aller chercher du renfort au plus vite.

Nous n'étions pas dans une gare cependant et le train ne marchait plus puisque les envahisseurs étaient étagés sur les marchepieds et sur la voie.

Je ne comprenais qu'une chose, c'est que tous mes voisins affirmaient n'avoir rien tiré !...

Cette phrase fut une révélation qui glaça momentanément mon sang, car moi je me souvenais bien d'avoir tiré ! mais tiré quoi ?... le ressort du voile vert destiné à tamiser la lumière ?... je l'ai cassé peut-être, probablement, sûrement même, mais est-il possible qu'un ressort brisé cause au milieu de la nuit une pareille algarade ; je n'hésitai pas à assumer la responsabilité du méfait et à déclarer aux employés galonnés ou non que j'avais tiré ; et mes yeux, cherchant à indiquer la direction, remarquèrent pour la première fois une poignée d'acier suspendue à l'extrémité d'un cordon de trente et quelques centimètres.....

Je ne pouvais pas comprendre l'étendue inexplicable de ce cordon de voile ordinairement minuscule..... — J'avais tiré la sonnette d'alarme malencontreusement placée alors, au moins sur la ligne de l'Est, dans cette partie obscure du plafond où se meut d'habitude un ressort pour recouvrir le réflecteur.

Alors se déroula pour moi tout un drame, car j'avais commis, à mon insu, un de ces actes répréhensibles quand ils ne sont pas motivés par un danger, et punis par de sérieuses amendes ou même l'emprisonnement.

Par une fatalité qui semblait me poursuivre dans cette circonstance, je n'avais sur moi aucune des pièces justificatives qui ne me quittent pas d'habitude. — Je dus décliner mes noms et qualités à un personnage qui les inscrivit avec une mauvaise humeur très visible, et me semblant justifiée quand il me dit que ce malencontreux incident avait motivé un retard de quarante minutes, par suite des recherches pour trouver le compartiment où pendait la preuve du méfait, et par le procès-verbal qui en était la conséquence.

Les employés subalternes accueillaient en ricanant les explications si sincères que je fournissais, et j'eus le chagrin d'entendre l'un d'eux formuler une opinion qui n'aurait jamais pu germer dans mon esprit, mais devait, par la suite, y laisser des traces bien troublantes.

« Tous ceux que la Compagnie fait poursuivre pour ce fait sont des farceurs de bas-étage ou des gens qui ont trop bien dîné avant de partir.

Ce Monsieur devra expliquer et prouver qu'il n'appartient à aucune de ces catégories ».

La portière était refermée et le train partait quand ces derniers mots arrivèrent jusqu'à moi. — Je ne trouvais pas mes papiers, j'avais même égaré mon billet tant j'étais troublé par les conséquences que pouvait avoir cette inexplicable méprise : J'allais forcément être arrêté en route au moins pendant cette journée et mon imagination, surexcitée par la privation de sommeil, me montrait la noire calomnie accomplissant son œuvre néfaste.

Le télégraphe n'allait pas tarder à demander des renseignements sur mon compte aux commandants des Ecoles auxquelles j'appartenais d'après ma déclaration, et j'envisageais avec effroi le déplorable effet que produirait sur ces généraux une pareille communication.

Je manquerais dans tous les cas aux exigences de mon service qui m'appelait à Raon-l'Etape dans la matinée. Chaque arrêt dans les gares m'annonçait le moment fatal ; dans chacun des employés s'avançant dans ma direction je pressentais un émissaire du commissaire central, et je me sentais même impressionné à l'aspect d'un bon gendarme, ce militaire inoffensif qui n'a jamais épouvanté que les malfaiteurs.

C'est ainsi qu'à mon grand étonnement j'ai traversé Commercy, Toul, Nancy, Lunéville ; on attendait sans doute les réponses aux télégrammes expédiés à Paris, si je pouvais arriver jusqu'à Raon-l'Etape je me ferais réclamer par le commandement du détachement, mais combien d'angoisses à traverser encore !...

A midi j'arrivais à destination sans avoir été inquiété, j'avais enfin retrouvé mon billet dans l'un de mes gants, et je sautais triomphant sur le quai de la gare où le gendarme de service me fit place en me saluant. — Que d'émotions accumulées en une seule nuit par un coup de sonnette d'alarme !...

Ce même jour nous montions à la Pierre d'Appel à 4 kilomètres au Sud-Ouest de Raon. — De cette hauteur on découvre l'un des plus intéressants panoramas de la contrée. J'engage vivement les officiers à en faire un sujet d'étude quand ils iront dans les Vosges, je ne puis en donner qu'un très petit morceau à l'appui de quelques renseignements.

Le Club Alpin a organisé des routes à lacets pour faire l'ascension de la Pierre d'Appel dont la côte est 855. Cependant la plupart des officiers ont grimpé sur ce pic en suivant des rigoles ou des crevasses profondes tracées par l'écoulement des eaux. — C'est ce que j'ai fait moi-même pendant une grande partie de ce parcours, ayant été mal renseigné par un enfant du pays habitué à suivre ce chemin, à moins qu'il n'ait eu l'intention de me donner une idée plus exacte des plus grandes pentes.

En arrivant sur le piton nous nous sommes placés d'abord face à la direction Sud-Est, qui est aussi celle des montagnes qui dominent Saint-Dié. Nous avions devant nous, entre Etival et Claire-Fontaine, deux bras de la Meurthe qui s'est divisée dans les environs de son confluent avec le ruisseau l'Urbach qu'on distingue dans le lointain. Le croquis ci-joint est un simple morceau d'étude dans ce panorama très étendu et particulièrement intéressant (*fig.* 37). En examinant la nature, j'observe que ma ligne d'horizon est très élevée et difficile à repérer. — Je trouve aussi entre les deux ponts une ligne horizontale dont je puis suivre les recoupements dans toute l'étendue du panorama et je me donne BH ligne des hauteurs comme unité de mesure. En cherchant son rapport avec la base, je trouve en A, arête d'une maison, une distance BA = BH. — L'Echelle de mon dessin est établie dans ce même rapport.

En subdivisant par la pensée ces deux dimensions et conduisant de même des horizontales et des verticales imaginaires par un point déterminé pour en placer d'autres, je peux dessiner exactement cette zone avec les élévations et les abaissements au-dessus et au-dessous de la ligne des bases jusqu'au point même où je suis.

Il est utile d'insister pour que l'officier s'habitue à faire le plus souvent ses appréciations à l'œil, sans s'astreindre toujours à mesurer à bras tendu.

Les premières mesures ainsi prises doivent être un juste point de départ pour des fractionnements à l'œil. Chaque point doit être placé avec raisonnement mais relié immédiatement aux précédents sans aucun temps d'arrêt, et le dessin de la zone restreinte exécuté d'un bout à l'autre avec les amorces pour les pages suivantes. Ce morceau de dessin doit être achevé et servir de jalon pour les suivants.

Nous prolongerons dans les feuilles suivantes la ligne de base sur laquelle nous prendrons par des points de repères choisis dans la nature A'B' et A''B'' = AB, ligne de base et B'H' = BH conformément à ce qui a été dit dans le chapitre VI, de même B''H'' = BH... ainsi de suite.

Dans les panoramas de ce genre, il est nécessaire d'indiquer que les toits sont vus de très haut, c'est-à-dire dans presque tout leur développement. — Dans les premiers plans ils masqueront à peu près en entier la maçonnerie, et les lignes fuyantes, montant à l'horizon, se rencontrent si haut qu'elles se présentent pour l'œil presque parallèles.

Quand les fuites sont peu rapides elles semblent à peu près horizontales.

Il est nécessaire de traduire avec soin les cours d'eau de grande étendue, et leurs embranchements avec des dérivations très multipliées dans ce pays pour les besoins des nombreuses usines.

Dans ce panorama qui s'étend d'un côté au Nord-Est et de l'autre au Sud, les mouvements de terrain sont très accusés par les lignes de culture qui forment quelquefois des courbes donnant le modelé comme des projections des plans hypsométriques. — Une crête est indiquée comme crête militaire, il est nécessaire de l'écrire distinctement. Parmi les montagnes qui ont presque toutes leur nom propre, vous remarquerez les Jumelles, qui sont deux croupes analogues et isolées dans ce massif de montagne.

Les noms relevés sur la carte indiquent exactement l'aspect que présentent ces différents accidents du terrain et leurs emplacements relatifs, pour un spectateur placé sur la Pierre d'Appel.

Il est nécessaire de figurer cette station par les moyens indiqués, en montrant à la limite du piton des cimes d'arbres indiquant une pente brusque et rapide. — L'examen de ce panorama sur la nature présente beaucoup de particularités intéressantes.

Dans le prolongement de la ligne de base on trouve souvent des mouvements de terrain affectant des formes d'arcs de cercle dont cette ligne horizontale devient la corde. On trouvera toujours sur ces courbes des accidents servant de points de repère, si on ne les trouvait pas sur la base elle-même.

Afin de vous faciliter le mécanisme d'exécution, il sera bon de commencer par décalquer quelques panoramas simples et d'établir ensuite les lignes de construction sur ce calque.

Cet exercice est d'autant plus nécessaire qu'il n'en faut pas laisser de traces sur vos études d'après nature, au moins sur celles qui sont destinées à donner des renseignements.

Vos propres observations sur le terrain vous donneront le complément de cette instruction sommaire qui ne peut être qu'indiquée dans des renseignements écrits. — D'autant plus qu'il me semble inutile de chercher à tout prévoir et tout dire à des jeunes gens habitués à deviner par eux-mêmes tout ce qu'on leur indique par à peu près.

Mes efforts consistent à démontrer par l'application aux officiers qu'ils ont l'œil plus exercé qu'ils ne le pensent pour la perception des distances et des hauteurs relatives, et qu'en ayant toujours devant eux dans la nature des unités de mesure pour les guider, et en en faisant des déductions constantes par le raisonnement et l'observation, ils arriveront à se passer de tous les moyens prétendus de précision, du double décimètre par exemple et du papier quadrillé que mon système repousse absolument.

Beaucoup d'officiers m'ont dit que je pensais ainsi en raison de mes aptitudes particulières et du long exercice auquel je me suis livré pendant tant d'années.... à ceux qui me tenaient ce langage je demandais d'essayer à côté de moi et je leur ai toujours prouvé ainsi qu'ils avaient à cet égard des idées préconçues.

A l'aspect de panoramas étendus, avec des lointains presque imperceptibles, ils déclaraient le plus souvent qu'ils se trouvaient en présence d'une impossibilité. — La décomposition de cet énorme travail par morceaux restreints et destinés à être juxtaposés, dans lesquels ils étaient amenés à supprimer les détails encombrants et inutiles, leur démontrait la possibilité d'aborder dans ce genre les difficultés les plus grandes.

L'officier qui sait dessiner méthodiquement une vue perspective peu étendue est capable d'exécuter tous les panoramas que comportera son service de reconnaissance.

La tendance à combattre est celle qu'ont beaucoup d'officiers de vouloir condenser dans une feuille de carnet de poche ou même d'album des sujets intéressants et d'une grande étendue. De là naît une confusion inextricable présentant, même quand les dessins sont habilement exécutés, une certaine analogie avec celle qu'offre la photographie pour des sujets de même genre.

Je répète encore ici que je n'admets pour les officiers chargés de donner des renseignements précis que les *grands dessins* qui seront la multiplication d'une infinité de feuilles aussi petites qu'on voudra, à la condition que l'orientation et le numérotage permettent de les rajuster.

De cette façon le dessinateur n'aura pas d'autre préoccupation que celles qui sont inhérentes à son service militaire. — Celles-ci sont nombreuses, d'une exécution difficile qui doit être forcément très rapide ; il n'a à penser à la mise en page qu'au point de vue de la nécessité de traduire d'abord ce qui lui semble le plus particulièrement digne d'intérêt.

C'est ainsi qu'il commencera son dessin par ce point observé, afin d'avoir accompli du moins la partie la plus intéressante de sa mission si des circonstances imprévues s'opposent à son exécution complète.

J'aurais beaucoup d'autres panoramas et dessins perspectifs à vous présenter, mais je crois que vous êtes suffisamment guidés par les exemples variés que j'ai déjà exposés.

CHAPITRE X

Les environs de Raon-l'Etape. — Excursions dans les Vosges avec les officiers de l'École de guerre. — Croquis à Celles. — Sur la route de la Pierre-Percée. — Au trou de l'Ermite. — Panoramas à Senones. — La Haute-Pierre. — Un pharmacien restaurateur à Moyen-Moutiers. — Encore une méprise à mon sujet. — Une demande de consultation. — Sainte-Marie-aux-Mines. — Souvenirs et croquis de 1869. — Sur le versant oriental des Vosges. — Une légende Alsacienne sur la nuit de la Toussaint. — Le lac de Longemer. — Gérardmer, passage d'un bataillon de chasseurs à pied.

Raon-l'Etape est une station intéressante des voyages de l'Ecole de guerre (*fig.* 38). A quatre kilomètres au Sud sur l'un des contre-forts des Vosges, se trouve la Pierre d'Appel d'où l'on découvre un panorama très étendu de la vallée de la Meurthe, s'étendant depuis le Nord-Est jusqu'au Sud-Ouest. On y rencontre Moyen-Moutiers, Claire-Fontaine, Etival, Sainte-Odile, Saint-Remy, etc. — Dans les lointains, la grande Fosse, les hauteurs de Saint-Dié, les montagnes isolées dites les jumelles, etc. En remontant au Sud, dans la direction de Celles, on parcourt un pays très pittoresque encaissé dans de hautes montagnes d'où les horizons sont également très intéressants. De ces points culminants on peut suivre le cours du ruisseau la Plaine qui arrose de nombreuses usines, avant de joindre la Meurthe. — A sa source se trouve Raon-sur-Plaine, l'une des limites de notre frontière dans les Vosges. — La prudence exige que les officiers n'aillent pas jusque-là autrement qu'isolément.

Elle offre, en raison de sa situation à l'embranchement des vallées de la Meurthe et de la Plaine profondément encaissées, d'intéressants panoramas que nous avons dessinés... J'ai remonté la vallée jusqu'aux sources de la Plaine, à Raon-sur-Plaine qui touche la frontière. De là, j'ai aperçu la cime élevée du Donon qui, par sa situation en dehors des crêtes, semble être resté là comme un vestige d'un monde disparu.

La configuration du sol, identique avec celui des monts de la Forêt-Noire, ne laisse aucun doute aux géologues sur la jonction primitive de ces montagnes avec la chaîne des Vosges, avant que le Rhin n'ait effondré ce massif pour s'y frayer un passage.

Les officiers de l'Ecole de guerre étaient restés à moitié chemin du cours de la Plaine à Celles, et j'ai pu constater combien le commandant du détachement est prudent en leur interdisant toute excursion dans cette partie de notre frontière. Elle est masquée le plus souvent par des forêts, et les éclaircies laissent voir les uniformes et les casques pointus des douaniers toujours prêts à provoquer de graves incidents politiques.

A quelques kilomètres au Sud, le Rabodeau, affluent de la Meurthe, ouvre une vallée aux troupes prussiennes amenées au quai de débarquement de Schipmeck par les chemins de fer de Strasbourg, Schelestadt et Saverne.

Notre fort de Preyoz est posté en observation pour surveiller le passage directement visé par ce quai de débarquement placé au pied du premier contrefort, à moins de dix kilomètres de la frontière. Ce point de concentration et celui de Sainte-Marie-aux-Mines donnant accès sur Saint-Dié, semblent les deux sentinelles avancées de cet immense réseau de gares militaires s'étendant parallèlement aux Vosges depuis Saverne jusqu'à Alktirch.

J'avais le cœur bien gros en partant de Raon-sur-Plaine, mais je me suis consolé en retrouvant à Celles les jeunes officiers de l'Ecole de guerre, si travailleurs et sachant inspirer à ceux qui les approchent cette confiance qu'ils ont eux-mêmes dans l'avenir de la France.

Aux environs de Celles, se trouve un endroit intéressant que nous désirions visiter et qui nous offrait aussi une vue perspective pittoresque ainsi que l'indique son nom de Pierre-Percée.

Ces excursions dans la journée sont toujours faites sans le secours de nos chevaux qu'on ne dérange jamais quand ils sont arrivés à l'étape.

Les voitures du pays sont mises en réquisition, et leurs conducteurs sont habitués à passer partout tout à fait militairement (*fig.* 39). — C'est ainsi qu'avec ces équipages nous avons traversé la Plaine à gué avant de monter à la Pierre-Percée (*fig.* 40). — Ces voitures enfoncées jusqu'à l'essieu dans le torrent, la bigarrure des uniformes, le clapotement des chevaux dans l'eau écumante, offraient une scène amusante encadrée dans un paysage des plus charmants.

A gauche, un moulin dans la prairie, à droite, une route coupée par un ruisseau

Fig. 38. — Voyages de l'École Supérieure de Guerre. — Raon l'Étape (Vosges), 1890.

que surmonte un pont de bois. Les premières voitures et les pantalons rouges de nos camarades nous permettent d'en suivre les sinuosités qui montent en courts lacets jusqu'au village de la Pierre-Percée. — J'ai fait là plusieurs dessins que je vous montrerai.

J'ai même reproduit la scène pittoresque de notre passage à gué, car je ne perds jamais de vue mon but de faire aimer le dessin aux officiers. — Après leur avoir démontré l'utilité de ce genre de travail, je crois nécessaire de leur prouver par des exemples combien il est agréable d'emporter avec soi les souvenirs représentés dont on retrouvera plus tard l'impression avec grand plaisir. — L'exécution de tout ce qui frappe les yeux entre absolument dans mon programme d'enseignement, quand même le sujet n'offrirait pas par lui-même un intérêt militaire.

Tout exercice de dessin d'après nature ou de souvenir, contribue à développer ce que j'appellerai le raisonnement de la vision.

L'œil habitué par le dessin à beaucoup observer saura mieux lire sur le terrain, quand ce sera nécessaire, et dégager d'une vue perspective ou d'un panorama tout ce qui ne comportera pas une utilité réelle au point de vue de la reconnaissance.

C'est pour cette raison que j'ai toujours engagé les officiers à dessiner tout ce qui leur plairait et que nous avons reproduit souvent, pendant nos voyages d'instruction, des motifs d'études ne présentant pas toujours un caractère spécial. — Je me souviens d'avoir eu l'occasion de fournir cette explication à un général qui s'étonnait de nous trouver occupés à dessiner un morceau de paysage n'ayant aucun rapport apparent avec nos travaux panoramiques.

Aux environs de Celles, au-dessus d'Allar-

Fig. 39. — Voyages de l'Ecole Supérieure de Guerre. — Excursions dans les Vosges pendant les étapes (1889).

mont, nous avons rencontré encore des sujets de paysage n'approchant pas le côté militaire (*fig.* 41). Les voitures nous avaient conduits jusqu'au village construit au pied d'une montagne que nous devions gravir à pied ; après quatre ou cinq kilomètres d'ascension, nous atteignîmes un plateau limité par un lac d'environ cinq cents mètres d'étendue, masqué par une forêt de sapins s'étendant dans la direction de Raon-sur-Plaine. — En continuant l'ascension, nous parvînmes à un endroit délicieux où s'élève une petite chapelle dominant une excavation profonde s'étendant sous le rocher et connue sous le nom du trou de l'Ermite (*fig.* 45). Nous n'y avons pas trouvé l'anachorète, mais l'endroit si poétique, la chapelle en briques rouges émergeant des sapins séculaires, parlent à l'imagination et présentent un caractère mystique portant à la rêverie. Là aussi nous avons trouvé le sujet d'une étude à classer dans nos portefeuilles avant de descendre pour admirer le lac à peine entrevu.

Fig. 40. — Voyages de l'Ecole Supérieure de Guerre en 1889. — De Celles à la Pierre Percée (Vosges).

De Celles, nous avons gagné Senones, en traversant ces belles forêts de sapins qu'on ne saurait oublier, surtout quand on les a parcourues pendant les heures matinales permettant mieux de goûter le charme de leur ombrage et les senteurs salutaires et agréables de la résine.

C'était l'époque des chaleurs, pendant laquelle, les journaux de Paris nous chiffraient les degrés d'étouffement dont souffraient nos parents et nos amis dans la capitale.

Nous n'en jouissions que mieux de ces brises matinales secouant sur nos chevaux les aiguilles des sapins, cette étape à travers les Vosges est pour moi le plus charmant de mes souvenirs que je retrouve toujours vivant en feuilletant les pages de mon album.

A Senones nous avons pu dessiner le cours du Rabodeau et découvrir à la frontière le col de Haris, cette autre porte ouverte aux Allemands par la vallée de la

Fig. 41. — Voyages de l'Ecole Supérieure de Guerre en 1890. — En route pour le trou de l'Ermite (Vosges).

Bruches. — De la Haute Pierre, point culminant au-dessus de Moyen-Moutiers, nous avons suivi encore le Rabodeau, aperçu la Meurthe, les Jumelles, la grande Fosse et le ruisseau d'Harbache qui en trace la direction sur la frontière avant de se jeter dans la Meurthe. Cet intéressant panorama nécessite une ascension de plus de huit cents mètres, mais l'étendue qu'il présente et l'importance des sites qu'on y découvre font vite oublier la fatigue.

Le Rabodeau et ses dérivations mettent en mouvement de nombreux moulins et des machines d'usines importantes de filateurs. — Ces deux ou trois grands industriels font vivre la population qui consacre trop de temps à son travail pour qu'il lui en reste à dépenser avec son argent chez les aubergistes. — Les officiers peuvent en juger par la difficulté qu'ils y trouvent pour vivre. — L'unique hôtelier de ce village est en même temps un pharmacien, et ce cumul de fonctions si opposées n'est pas l'une des moindres originalités de ce petit pays.

Je n'avais rien trouvé d'analogue depuis l'une de mes étapes dans le Midi où il m'a été permis de lire sur une enseigne : « Casenave, dentiste-pédicure ».

Quoiqu'il en soit, nous avons dîné dans cette unique auberge sans avoir ressenti un symptôme d'empoisonnement, et n'ayant constaté la présence des produits pharmaceutiques que par l'odeur pénétrante dominant celle des sauces. — Je ne sais si le pharmacien, mal renseigné sur les fonctions du seul bourgeois dans cette réunion militaire, m'avait attribué devant ses clients une qualité qui m'était étrangère, mais je fus

Fig. 42. — Voyages de l'École Supérieure de Guerre en 1890. — Le trou de l'Ermite.

tenté de le croire par un incident du lendemain.

En attendant l'heure du départ, je faisais un croquis dans un jardin où nous avions passé la soirée de la veille ; j'étais si absorbé dans mon travail, que je ne m'étais pas aperçu d'une invasion subite de femmes portant des enfants très enveloppés, ou en conduisant d'autres ayant les yeux bandés et les bras en écharpe.

Tous ceux qui dessinent dehors ont l'habitude d'être entourés et ne s'en préoccupent pas ; d'ailleurs, j'attribuais leur présence au désœuvrement qui précède le son de la cloche appelant les travailleurs à l'usine. Je fus très étonné, au moment où je fermais mon album, d'être assailli par toutes ces commères qui avaient attendu le moment propice pour obtenir de moi une consultation médicale.

Ces femmes me dirent à la fois que le pays était si pauvre qu'il n'avait pas de médecin et qu'elles me croyaient un bien bon docteur puisqu'on m'avait confié les précieuses santés des officiers de l'École de guerre.

Elles me suppliaient d'examiner leurs enfants malades et me promettaient une éternelle reconnaissance.

J'eus beaucoup de peine à les détromper sur la qualité qu'elles m'attribuaient et à me débarrasser de leurs obsessions. — Je vis chez l'une d'elles une si touchante déception que je crus devoir, en compensation, lui laisser un croquis de l'enfant qu'elle portait dans ses bras.

Je me suis souvenu depuis d'une anecdote que m'a racontée un médecin et qui m'a fait beaucoup réfléchir.

Ayant laissé entre les mains d'une campagnarde une ordonnance pour soigner l'œil de son enfant, il fut stupéfait de trouver, le lendemain, son papier soigneusement appliqué et maintenu sur la partie malade. Il se rappela lui avoir dit en partant : « Vous lui mettrez cela sur l'œil ». — La femme avait suivi très littéralement la prescription du docteur. — Je me suis quelquefois demandé si cette pauvre mère n'avait pas porté mon dessin chez le pharmacien en guise d'ordonnance.

En quittant Moyen-Moutiers, nous avons traversé la montagne d'Ormont pour gagner Fraize, notre gîte d'étape. — Cette partie de notre voyage est particulièrement intéressante au point de vue militaire et elle nous a fourni de nombreux sujets d'étude. Nous avons traversé la route qui conduit de Saint-Dié à Sainte-Marie-aux-Mines où les Prussiens ont établi un important quai de débarquement. Je me souvenais alors qu'en 1869, j'avais suivi cette même route avec le 74ᵉ de ligne envoyé du camp de Châlons à Neu-Brisach pour y tenir garnison (*fig.* 43). J'ai retrouvé dans mes cartons une vue perspective prise à cet époque à la sortie du col sur les bords du Giessen! Sur ce même point où les Allemands ont établi aujourd'hui un chemin de fer reliant Schlestadt, l'un des centres de concentration, à l'important débardère de Sainte-Marie-aux-Mines.

Pendant cette période de ma vie militaire, j'ai parcouru tout ce versant oriental des Vosges, dont les pentes sont beaucoup plus abruptes que celles du versant opposé qui donne aujourd'hui accès en France. — Après avoir visité le champ de bataille de Turckeim où mon imagination cherchait les cavaliers du comte de Lorges, je voulais explorer les crêtes suivies par l'armée de Turenne pendant le rapide mouvement tournant qui lui permit d'aller surprendre l'électeur à Colmer, au milieu de ses fêtes. — Cette marche à travers les neiges qui nous a livré l'Alsace et restera la plus belle et la plus audacieuse conception du grand capitaine, étonne particulièrement ceux qui ont fait une étude de ce terrain.

Je fais partie de ses admirateurs les plus exaltés, car j'ai fouillé les crêtes et les versants avec une passion militaire doublée de mes goûts artistiques. — A Colmar, j'avais demandé à un inspecteur des forêts de vouloir bien mettre à ma disposition l'un de ses gardes pendant mon excursion de quelques jours. Jeune et intrépide marcheur, peu soucieux des exigences de la vie matérielle, j'avais résolu de suivre les sentiers inexplorés que connaissent seuls les agents forestiers. C'est ainsi que j'ai pu cheminer sur les pentes si abruptes de ce versant qui forme la vallée de l'Ille (*fig.* 44).

Les crêtes y descendent souvent à pic sur des plateaux étroits où se sont formés des lacs servant de déversoir à de nombreuses cascades.

Les infiltrations des eaux ont miné par endroits les roches hérissées de sapins, et les cascades ont projeté dans leur parcours arbres et blocs de granit jonchant le sol de leurs débris.

Les aigles, les oiseaux de proie et les chats sauvages sont les seuls visiteurs de cette portion si poétique des versants orientaux ; mon guide a tué devant moi un véritable tigre gris dont je voyais pour la première fois un spécimen, mais, comme je me précipitais pour examiner de plus près sa victime, il m'a bien recommandé de rester à distance, en ajoutant que ces animaux n'étaient presque jamais tués sur le coup et très dangereux pendant leur agonie.

Le dessin que j'ai fait dans cet endroit et d'autres en donne une idée bien plus précise que toutes les longues descriptions. — Là encore, nous rentrons dans la théorie du

Fig. 43. — Alsace. — Défilé de Sainte-Marie-aux-Mines (1869).

général de Brack à propos du dessin : « Quelques coups de crayon expliquent plus vite et mieux que ne peut le faire un long rapport détaillé. C'est à la suite de pérégrinations de ce genre à travers des roches effondrées et en nous accrochant le plus souvent aux broussailles et aux sapins que nous avons atteint le col du Bonhomme, près d'un village nommé la Poutroye.

Rien ne saurait donner l'idée de ce que pouvait trouver à cette époque dans les petites localités des Vosges un touriste fatigué et affamé. La misère constatée à proximité d'un passage forcé donne la mesure de ce qu'elle pouvait être dans les hameaux isolés sur le versant.

Là, il était aussi impossible de manger que de se coucher, les habitants ne connaissant

Fig. 44. — Sur le versant oriental des Vosges. — Vallée de Munster (1869).

pour nourriture que le lard fumé et n'ayant pas d'autre lit, le plus souvent, qu'une couchette sans draps dans le voisinage des bestiaux. — Ce qui m'a particulièrement étonné à ce point de vue, sur ce versant des Vosges, c'est que les paysans ne veulent donner ni œufs, ni lait, pourtant ils ont des vaches et quelquefois des poules. — Il est à supposer que ces denrées sont précieusement réservées pour les marchés de Munster et de Colmar.

D'après la façon dont ils accueillent un

étranger, et l'indifférence qu'ils témoignent pour ses offres d'argent, on pourrait penser que ces gens ont un grand respect de la parole donnée à leurs clients habituels ; à moins que l'explication n'en soit fournie par l'intérêt qu'ils trouvent à satisfaire plus volontiers les bourgeois du pays leur procurant un écoulement constant de leurs marchandises.

Les paysans alsaciens ont, comme les Bretons, leurs superstitions et leurs légendes, j'ai pu le constater dans une misérable chaumière où m'avait poussé une rafale de neige pendant la soirée de la Toussaint. Les habitants avaient refusé de nous ouvrir la porte, soigneusement barricadée, et seraient restés sourds à nos instances s'ils n'avaient reconnu la voix du garde qui m'accompagnait.

C'est là que je connus la légende de « la Nuit des Morts » très répandue en Alsace. Elle est basée sur une croyance, assez générale dans les pays chrétiens, à la migration des âmes sur la terre des vivants pendant le nuit de la Toussaint.

Cette superstition a pris un caractère particulier dans cette Alsace arrosée de tant de sang à toutes les époques et dont le sol est devenu l'immense ossuaire des guerriers de nationalités différentes tombés sur les champs de bataille.

Les générations se sont transmis, par d'effroyables récits, les grands événements qui se sont succédés sur cette terre qu'on ne peut remuer sans en trouver les vestiges. — C'est ainsi que les imaginations frappées ont accueilli l'idée de cette résurrection momentanée des guerriers quittant leurs fosses pour recommencer chaque année, pendant une nuit, ces effroyables luttes dont ils n'ont pu voir la fin.

La première conception de cette légende sauvage a peut-être pour origine les bruits étranges qu'ont entendu pendant les premières nuits d'hiver ceux qui ont habité l'Alsace. Si indéfinissables qu'ils soient, ils sont certainement dûs à de grandes migrations d'oiseaux chassés par les froids du Nord. — A cette époque les cygnes, les cigognes et les oies sauvages couvrent les bords du Rhin et la vallée de l'Ill, où ils viennent chercher un premier abri, sorte de rendez-vous général des émigrants.

Ces clameurs lointaines semblant s'étendre et parfois se rapprocher dans le ciel empruntent au calme de la nuit un caractère fantastique qui a troublé de tout temps les esprits timorés.

En les entendant, les Bretons vous diront : « C'est la chasse Hannequin qui passe », et il est peu de pays où cette perception des sens n'ait une explication analogue attribuée au surnaturel.

En Alsace, ce sont les cavaliers de Turenne et les reîtres de l'électeur qui chevauchent et s'entr'égorgent sur les nuages, on distingue leurs montures et leurs uniformes ; ils roulent pêle-mêle à travers les soldats de Custine et de Moreau et les envahisseurs de toutes les époques. — Sans aucun doute, nos malheureux compatriotes y voient de nos jours dans les premiers plans les cuirassiers de Reischoffen, les turcos et les francs-tireurs des Vosges recommençant avec les Prussiens les combats interrompus par la mort.

Gardez-vous, nous disaient nos hôtes de troubler par votre présence les lugubres ébats de ces guerriers d'outre-tombe : ceux-ci vous emporteraient avec eux dans ce tourbillon infernal qui rentre sous terre dès la pointe du jour !...

Au commencement du printemps de 1870 je revins pour continuer mon exploration des Vosges, en prenant cette fois pour point de départ la ville de Munster, l'un de nos grands centres industriels en Alsace. — La belle vallée du Vetch, qui longe le chemin de fer de Colmar à Munster, me retint pendant un jour par le charme de ses paysages ensoleillés et verdoyants contrastant avec l'impression assez triste que m'en avaient laissée mon voyage d'hiver. — Je voulais en classer le souvenir dans mon album, et j'établis à Munster mon quartier général.

Cette ville est une vaste usine dont les maisons noircies par la fumée attestent le travail incessant ; de longues cheminées en brique coupent l'horizon, projetant de gros flocons sombres sur les nappes de verdure qui les avoisinent (*fig.* 45).

A l'heure du repos elle présente assez bien l'aspect d'une immense fourmilière au curieux qui observe d'un point élevé le grouillement des innombrables ouvriers.

A la table d'hôte, on trouve en grande

Cette ville est une vaste usine dont les maisons noircies par la fumée attestent le travail incessant ; de longues cheminées en brique coupent l'horizon, projetant de gros

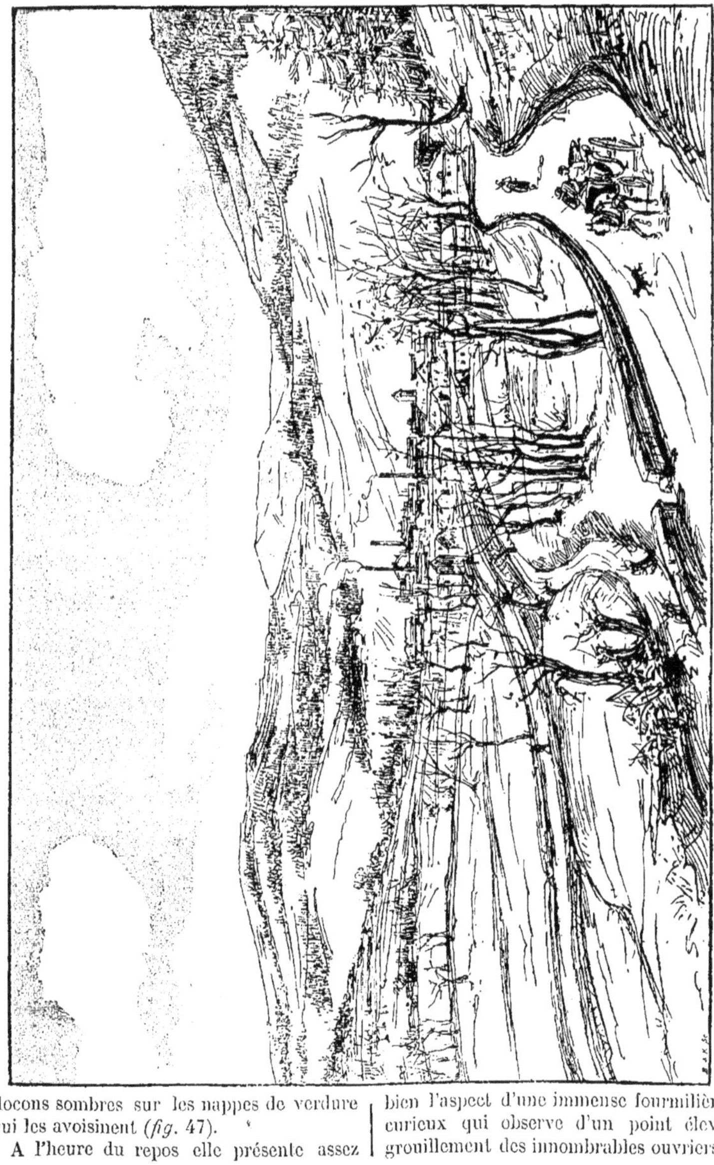

Fig. 47. — Alsace. — Dans la vallée de Munster (1870).

flocons sombres sur les nappes de verdure qui les avoisinent (*fig.* 47).

A l'heure du repos elle présente assez bien l'aspect d'une immense fourmilière au curieux qui observe d'un point élevé le grouillement des innombrables ouvriers.

A la table d'hôte, on trouve en grande majorité des contre-maîtres, et des employés de ces fabriques. Leurs conversations ne laissent aucun doute à cet égard, aussi bien que l'isolement dans lequel ils relèguent les autres convives de l'hôtel. Parmi ceux-ci je m'étais fait indiquer un jeune garde-général à qui je me présentai avec le désir d'obtenir de lui un guide pour mon excursion.

Ce fonctionnaire m'accueillit avec l'affabilité qu'on rencontre le plus souvent chez le personnel distingué de l'administration des forêts. — Au cours de notre conversation, bientôt amicale, il me désigna à voix basse deux messieurs très blonds que leur tournure militaire signalait pour des officiers étrangers. Nous n'avions pas à cette époque l'éveil sur l'espionnage, mais ayant rencontré de nouveau ces messieurs sur les bords du lac de Longemer, il ne m'est pas resté de doute sur leur identité. — Je me suis souvenu depuis que mon jeune voisin, condamné par état à beaucoup voyager dans la même zone, avait souvent constaté la présence d'Allemands dans les Vosges.

De Turkheim j'ai gagné le col de la Schlucht donnant accès sur le versant occidental qui présente un caractère différent. Pendant cette excursion en 1870, j'ai exploré toute la partie qui forme aujourd'hui notre frontière, et j'étais loin de me douter que je dessinerais un jour à grande distance l'emplacement de ces cols dont l'accès est aujourd'hui interdit aux Français.

Cette réalité, si pénible qu'elle soit pour vous, l'est certainement plus encore pour les officiers qui ont tenu garnison en Alsace et librement circulé sur les deux versants des Vosges ; elle revêt pour eux le caractère d'un mauvais rêve qui les poursuit sans relâche.

C'est l'impression que je ressentais avec les officiers de l'École de guerre quand nous dessinions dans le voisinage de nos frontières, particulièrement à Fraize où nous avions à nos pieds la Meurthe et devant nous le Chipal conduisant au col du Bonhomme où j'avais fait des croquis en 1869.

J'avais admiré aussi, à cette époque, ce beau lac de Retournemer qui avoisine le col de la Schlucht, et celui de Longemer que l'on ne peut pas regarder sans s'y arrêter quand on descend à Gérardmer (*fig.* 48).

Là nous avons fait une station sur la route qui traverse d'une façon si pittoresque un fragment de la montagne descendant à pic sur le lac. — Pendant que nous dessinions, une fanfare de chasseurs à pied attira notre attention. C'était un bataillon de Saint-Dié en marche militaire dans les Vosges.

Nous nous sommes rangés pour saluer et admirer l'allure vive et martiale de nos vitriers couverts de poussière, et n'ayant pas derrière eux un seul éclopé. — Nous pouvions nous dire que ces soldats sont bien les nôtres et que les Allemands et les autres peuples n'en ont pas de cette espèce là. — C'était aussi l'opinion que le général Decaen, un connaisseur émérite, formula devant son État-Major, en Italie, quand le bataillon des chasseurs de la Garde passa devant nous. — « Avec de pareils hommes, disait-il, on peut avoir toutes les audaces ».

Le passage du bataillon de chasseurs de Saint-Dié restera pour moi un souvenir impérissable ; je pouvais me dire aussi tout bas qu'avec de pareils hommes et des officiers semblables à ceux que j'avais l'honneur d'accompagner, la France peut tout espérer. — Il nous a donné à tous une provision de gaieté que nous avons emportée dans ce pays enchanteur nommé Gérardmer. Cette délicieuse station pour les officiers de l'École de guerre leur offre, en dehors des magnifiques paysages à étudier au point de vue militaire, toute les satisfactions que peuvent souhaiter des jeunes gens (*fig.* 49). Le beau lac de Gérardmer est sillonné pendant la journée de barques élégantes montées par des officiers de toutes armes, dont les uniformes variés font des notes éclatantes sur les eaux du lac et dans le paysage pittoresque qui l'entoure.

Le soir, cette jeunesse, qui ne connaît pas la fatigue, danse dans les salons splendides de l'hôtel de la Poste, envahi pendant la belle saison par une migration très élégante de jeunes filles parmi lesquelles les Américaines se comptent en grand nombre.

La maîtresse d'hôtel ne manque pas de choisir pour organiser une fête le jour annoncé du passage de l'Ecole de guerre.

Fig. 48. — Voyages de l'École Supérieure de Guerre en 1889. — De Fraize à Gérardmer.

Cette femme intelligente sait qu'elle sera agréable à la fois à ses jeunes pensionnaires et aux officiers qui sont enchantés de saisir l'occasion d'allier les plaisirs de leur âge aux études sérieuses qui n'en souffrent jamais. Ils dansent encore quand le boute-selle sonne pour le départ; leurs compagnes de la nuit leur envoient de la terrasse un dernier au revoir et peuvent admirer cette troupe de cavaliers élégants qui vont reprendre, la carte à la main, leurs études sérieuses à travers les Vosges.

Je suis sorti bien souvent de mon sujet technique, en m'égarant volontiers dans les souvenirs de mes campagnes et de mes voyages avec les officiers de l'École de guerre, c'est ainsi que j'avais conçu mon livre et que l'indique son titre de « causerie ». C'est de cette façon que j'ai procédé dans mes Écoles, l'expérience m'ayant démontré que les jeunes gens accueillent plus volontiers la science quand on ne leur en parle pas tout le temps. Ce que j'ai écrit n'est qu'un canevas susceptible de beaucoup

Fig. 49. — Voyages de l'École Supérieure de Guerre en 1889. — Le Lac de Gérardmer.

de développements de la part des élèves intelligents à qui je m'adresse. — Les renseignements de ce genre sont plus difficiles à donner par écrit que sur le terrain, où d'ailleurs, il se présente une foule de cas dont il est impossible de se souvenir. — Les officiers devront donc souvent s'exercer à ce genre de travail, et je puis dire que beaucoup de leurs devanciers sont devenus des fanatiques de ce travail qu'ils n'avaient jamais pratiqué et dont les théories si simples leur étaient inconnues. Les officiers de réserve, les vélocipédistes, et en général tous ceux qui auront à faire des reconnaissances et à étudier le terrain, pourront employer ce mécanisme simple pour l'exécution et aussi le souvenir des renseignements qui leur ont été donnés au point de vue militaire.

En résumé, les dessins perspectifs, les panoramas et les croquis qui s'y rattachent, sont le complément indispensable des cartes, et serviront même pour en établir dans les rares circonstances qui pourront se présenter.

L'Europe est dotée d'excellentes cartes qui n'ont besoin que d'être complétées par des reconnaissances et quelquefois vérifiées, car il n'est pas rare que l'ennemi ne laisse tomber entre les mains de son adversaire de mauvaises cartes très insuffisantes ou même fausses afin de le tromper. — Dans nos expéditions lointaines on établira certainement des cartes, après l'occupation, conformément aux principes de la topographie régulière, mais on peut dire, d'une façon générale, que de nos jours la topographie à vue jouera le rôle prépondérant. — La représentation du terrain par cheminement, avec des courbes et des distances mesurées ne peut se faire sans le secours du dessin pour établir exactement la planimétrie ; elle devra comprendre de nombreux croquis perspectifs dans les marges et la traduction à grande échelle de tous les accidents rencontrés sur le terrain. Dans les zones impénétrables nous en donnerons toujours l'idée à l'aide de vues perspectives à grande échelle et de panoramas exécutés dans l'esprit que nous avons indiqué, c'est-à-dire dégagés de tout ce qui n'a pas un intérêt militaire.

Sans doute, beaucoup de mouvements de terrain nous serons masqués et échapperont à notre vue, de même nous n'arriverons pas le plus souvent à une précision mathématique, mais le problème sera résolu si nous y touchons d'assez près pour représenter le terrain sur notre dessin de telle sorte qu'il puisse être reconnu par tout observateur amené sur la station d'où il a été représenté.

J'insiste encore sur ce fait qu'il doit parler aux yeux de ceux qui le connaissent et seront appelés à donner des renseignements, même à de grandes distances.

Je serais particulièrement enchanté d'avoir convaincu que ce travail n'implique pas des aptitudes spéciales ainsi que ce préjugé était enraciné il y a vingt-cinq ou trente ans avant que l'École supérieure de guerre n'eut ouvert largement les portes des Etats-Majors aux officiers de toutes les armes. — D'ailleurs, le dessin militaire n'est pas limité à un petit nombre, il doit être exécuté par tous ceux qui auront la mission de donner un renseignement devant l'ennemi, et cette habitude du dessin amènera tous les officiers à bien regarder le terrain qu'ils ont devant eux et à lire distinctement les motifs intéressants qu'il présente.

Les nouvelles théories sur le rôle de la cavalerie comportent un service d'éclaireurs à de très grandes distances ; quels renseignements précieux pourra rapporter sur ses albums un officier de cavalerie qui aura su classer tous ses souvenirs et les préciser par quelques coups de crayon.

Que les officiers s'exercent donc pendant les manœuvres, d'abord sur des sujets simples dont ils augmenteront progressivement les difficultés, mais qu'ils n'oublient pas la nécessité pour un dessinateur militaire de faire de grands, dessins même sur de petites feuilles de papier juxtaposées, numérotées et orientées comme il a été expliqué et sans préoccupations artistiques ; le dessin militaire étant surtout un canevas de renseignements. — Je désire aussi que les croquis joints à mon texte soient un argument pour entraîner les officiers à toujours voyager le crayon à la main.

Cette habitude de dessiner et de noter leurs impressions sur un album deviendra pour eux un réel besoin en même temps qu'une source de grandes jouissances pour le présent et pour l'avenir.

Enfin, cet exercice constant habituera leur œil à une précision qui les dispensera de plus en plus de recourir à des mesures et à des moyens mécaniques qui sont souvent la source d'erreurs grossières et toujours l'occasion d'une perte de temps.

Quand l'officier sera assez exercé pour être affranchi des préoccupations d'exécution, il tracera son dessin d'un bout à l'autre et d'une page sur la suivante comme on écrit une lettre. Dans ce cas, il rendra de grands services et cette opinion tend à se généraliser de plus en plus. Des officiers de l'École de guerre la répandent dans l'armée par leur exemple et je suis très fier d'en compter un certain nombre parmi mes élèves.

TABLE DES MATIÈRES

CHAPITRE V

CHAPITRE VI

CHAPITRE VII

CHAPITRE VIII

CHAPITRE IX

CHAPITRE X

CROQUIS PANORAMIQUES

A L'USAGE DES

ÉCOLES MILITAIRES

ET DES

ÉLÈVES QUI S'Y PRÉPARENT

Ouvrage édité par la Maison MONROCQ Frères, 3, Rue Suger, PARIS

Ces dessins répondent à la nécessité qui s'impose aux officiers de compléter les cartes par une vue générale du terrain avec tous ses accidents, et sont établis dans le but de guider les élèves pour l'exécution de tout dessin d'après nature. La méthode exposée s'applique à la copie et facilite la réduction imposée pour le dessin de concours d'admission à Saint-Cyr.

La plupart des dessins de cet album sont faits d'après ceux que l'auteur a exécutés sur le terrain pendant ses campagnes et ses voyages.

Dans l'intérêt de l'enseignement, l'auteur présente en regard sur une même feuille.

1° Une Esquisse comprenant les lignes de construction et une légende explicative de la méthode employée ;

2° Le dessin achevé, précisant les détails, même dans des plans éloignés, avec application des renseignements donnés pour la perspective aérienne.

DÉSIGNATION DES PLANCHES

N° 1. La Moselle vue de la côte d'Arrachan.
2. Dans les Vosges. Esquisse et dessin terminé.
3. En amont de Bayon. — —
4. La Cluse de Saint-Hippolyte (Doubs). — —
5. Vieux-Brisach (Bord du Rhin). — —
6. Dans la vallée du Belbeck (Crimée).
7. Devant Sébastopol (Crimée).
8. Solférino (Italie).
9. Rade de Sébastopol (Crimée).
10. Sur la route d'Aïtodor (Crimée).

Imprimé sur beau papier très solide, format 74×36, livré dans un carton

Prix de la livraison de 10 planches . . . . **7 fr. 50**

Planches séparées . . . . **1 fr.**

SAINT-AMAND (CHER). — IMPRIMERIE SCIENTIFIQUE ET LITTÉRAIRE, BUSSIÈRE FRÈRES.

Livraison N° 2

Prix : 50 centimes

ENCYCLOPÉDIE THÉORIQUE ET PRATIQUE

DES

CONNAISSANCES CIVILES ET MILITAIRES

(Publiée sous le Patronage de la Réunion des Officiers)

CAUSERIE

A PROPOS

DU DESSIN MILITAIRE

TEXTE ET DESSINS

PAR

A. QUESNAY DE BEAUREPAIRE

OFFICIER DE LA LÉGION D'HONNEUR, ANCIEN CAPITAINE
EX-PROFESSEUR AUXILIAIRE DE TOPOGRAPHIE A L'ÉCOLE SUPÉRIEURE DE GUERRE
MAITRE DE DESSIN A L'ÉCOLE POLYTECHNIQUE

PARIS
GEORGES FANCHON, ÉDITEUR
25, RUE DE GRENELLE, 25

COURS D'ARTILLERIE

(Livre V de la partie militaire de l'Encyclopédie des Connaissances Civiles et Militaires)

Par une réunion d'Officiers d'Artillerie et du Génie

PROGRAMME SOMMAIRE

PREMIÈRE PARTIE

MATÉRIEL

Chapitre Premier. — *Généralités.*
Chapitre II. — *Nomenclature des bouches à feu.*
Chapitre III. — *Espèces de bouches à feu en service en France.*
Chapitre IV. — *Affûts.*
Chapitre V. — *Matériel de campagne.*
Chapitre VI. — *Affûts de siège.*
Chapitre VII. — *Matériel de place.*
Chapitre VIII. — *Matériel de côte et de marine.* — Tableau résumant les données sur le matériel.

DEUXIÈME PARTIE

BALISTIQUE

Chapitre Premier. — *Balistique intérieure.*
Chapitre II. — *Balistique extérieure.*

TROISIÈME PARTIE

BOUCHES A FEU

Chapitre Premier. — *Généralités.*
Chapitre II. — *Organisation de l'âme des bouches à feu.*
Chapitre III. — *Étude des métaux à canon.*
Chapitre IV. — *Du calibre des bouches à feu.*
Chapitre V. — *Du chargement par la culasse.* — Fermeture à coin. — Fermeture à vis. — Fermeture à piston.
Chapitre VI. — *Des obturateurs.*
Chapitre VII. — *Caractères distinctifs des divers modèles de bouches à feu.*
Chapitre VIII. — *Les mitrailleuses.* — Canon à balles. — Mitrailleuses Gatling, d'Albertini, Gardner, Nordenfelt. — Canon-révolver Hotchkiss. — Rôle tactique des mitrailleuses.
Chapitre IX. — *Coulage des bouches à feu.*
Chapitre X. — *Usinage des bouches à feu.* Cintrage, forage et alésage.

QUATRIÈME PARTIE

POUDRES DE GUERRE

Chapitre Premier. — *Propriétés de la poudre.*
Chapitre II. — *Matières premières employées dans la fabrication de la poudre.*
Chapitre III. — *Fabrication de la poudre.*
Chapitre IV. — *Substances explosives.*

CINQUIÈME PARTIE

PROJECTILES

Chapitre Premier. — *Généralités.*
Chapitre II. — *Les fusées.* — Fusées percutantes, fusantes, mixtes ou à double effet.
Chapitre III. — *Fabrication des projectiles.*

SIXIÈME PARTIE

TIR ET POINTAGE

Chapitre Premier. — *Généralités.*
Chapitre II. — *Pointage :* 1° au moyen de la hausse. — 2° Sans emploi de la hausse. — Pointage sur un but artificiel.
Chapitre III. — *Réglage du tir.*
Chapitre IV. — *Évaluation des distances.*

SEPTIÈME PARTIE

TRACÉ ET CONSTRUCTION DES BATTERIES

Chapitre Premier. — *Généralités.*
Chapitre II. — *Matériaux de construction.*
Chapitre III. — *Profil des batteries.*
Chapitre IV. — *Tracé et emplacement des batteries.*
Chapitre V. — *Organisation intérieure des batteries.* — Embrasures. — Plates-formes. — Magasins et abris. — Revêtement des talus.
Chapitre VI. — *Construction des batteries.*

HUITIÈME PARTIE

SERVICE DE L'ARTILLERIE

Chapitre Premier. — *Service à l'intérieur.*
Chapitre II. — *Service en campagne.*
Chapitre III. — *Service dans un siège.*
Chapitre IV. — *Service dans une place forte.*

NEUVIÈME PARTIE

ARMES PORTATIVES

Chapitre Premier. — *Armes portatives.*
Chapitre II. — *Historique.*
Chapitre III. — *Conditions pour une arme à feu portative.*
Chapitre IV. — *Éléments d'une arme à feu portative.* — Le canon. — Mécanismes.
Chapitre V. — *Armement en France.* — Fusil modèle 1866 — Fusil modèle 1874. — Carabine de cavalerie, modèle 1874. — Mousquetons d'artillerie, modèle 1874. — Fusil modèle 1866-1874. — Fusil Kropatschek à répétition. — Révolver modèle 1873.
Chapitre VI. — *Armement des principales nations européennes.* — Allemagne. — Angleterre. — Autriche. — Belgique. — Danemarck. — Espagne — Grèce — Hollande. — Italie. — Roumanie. — Russie. — Suisse, — Suède et Norvège.
Chapitre VII. — *Armes à répétitions.* — Divers modes de répétition. — Systèmes Spitlsky, Spencer, Hotchkiss, Chaffée-Reed, Henry-Winchester, Kray, Mauser, Kropatschek, Gasser. — Magasins mobiles ou chargeurs. — Cartouchière de la « Providence Tool Company » — Chargeurs Pormer, Krinka. — Boîte-chargeur Vetterli. — Système Lœve, Lee, Pobbéry. — Chargeur de Puteaux. — Fusil Vetterli-Gras. — Chargeur Werndl. — Transformation Bertoldi. — Fusil Jarmann. — Expériences faites en Allemagne, en Angleterre, en Autriche, en Belgique, en Espagne, en Italie, en Russie (syst. Schulhof), en Suède, en Danemark et en Turquie.
Chapitre VIII. — *Fabrication des armes à feu portatives.*

DIXIÈME PARTIE

ARTILLERIES ÉTRANGÈRES

Allemagne. — Autriche. — Angleterre. — Belgique. — Danemarck. — Espagne. — Hollande. — Italie. — Portugal. — Roumanie. — Russie. — Serbie. — Suède. — Norvège. — Suisse. — Turquie. — Etats-Unis. — Canon multicharge. — Tableau comparatif des diverses artilleries européennes.

SUPPLÉMENT

Matériel d'artillerie. — Bouches à feu. — Poudres de guerre. — Projectiles. — Tir des bouches à feu. — Tracé et construction de batteries. — Services de l'artillerie. — Armes portatives. — Artilleries étrangères. — Grand canon de Bange. — Canon de débarquement. Appareils servant au lancement des projectiles à dynamite.

Ouvrage récemment terminé et broché, contenant 40 livraisons avec 643 figures dans le texte. **Prix : 20 fr.**

COURS DE

SCIENCES APPLIQUÉES A L'ART MILITAIRE

(Livre VI de la partie militaire de l'Encyclopédie des Connaissances Civiles et Militaires)

Par une réunion d'Officiers d'Artillerie et du Génie

PROGRAMME SOMMAIRE

PREMIÈRE PARTIE

CHEMINS DE FER

Chapitre Premier. — *Principes de l'établissement des chemins de fer.*
Chapitre II. — *Matériel de construction des voies ferrées.*
Chapitre III. — *La voie.*
Chapitre IV. — *Accessoires de la voie.*
Chapitre V. — *Le matériel roulant.*
Chapitre VI. — *Construction des voies ferrées.*
Chapitre VII. — *Exploitation.*
Chapitre VIII. — *Utilisation militaire des chemins de fer.*
Chapitre IX. — *Destruction des voies ferrées.*
Chapitre X. — *Rétablissement des voies ferrées.*
Chapitre XI. — *Trains blindés pour les reconnaissances militaires.*
Chapitre XII. — *Les locomotives routières.*

DEUXIÈME PARTIE

TÉLÉGRAPHIE

Chapitre Premier. — *Principes de la télégraphie électrique.*
Chapitre II. — *Matériel de la télégraphie électrique.*
Chapitre III. — *Personnel de la télégraphie militaire.*
Chapitre IV. — *Organisation des postes télégraphiques.*
Chapitre V. — *Construction des lignes militaires.*
Chapitre VI. — *Destruction et réparation des lignes télégraphiques.*
Chapitre VII. — *Principes de la télégraphie optique.*
Chapitre VIII. — *Matériel de la télégraphie optique.*
Chapitre IX. — *Télégraphie par signaux isolés.*
Chapitre X. — *Téléphonie.*
Chapitre XI. — *Emploi de la télégraphie militaire dans les guerres les plus récentes.*
Chapitre XII. — *Organisation de la télégraphie militaire dans les armées étrangères.* — Allemagne. — Autriche-Hongrie. — Angleterre. — Italie. — Russie.

TROISIÈME PARTIE

LES PIGEONS VOYAGEURS

Chapitre Premier. — *Propriétés et aptitudes spéciales.*
Chapitre II. — *Coup d'œil historique et faits d'observation.*
Chapitre III. — *Education des pigeons.*
Chapitre IV. — Races et reproductions.
Chapitre V. — *Organisation au point de vue militaire.* — Nourriture et soins.
Chapitre VI — *Situation dans les principaux Etats.*
Chapitre VII. — *Obstacles et mesures de précaution.*

QUATRIÈME PARTIE

AÉROSTATION MILITAIRE

Chapitre Premier. — Notions générales.
Chapitre II. — *Historique.*
Chapitre III — *Ascensions scientifiques.*
Chapitre IV. — *Direction des ballons.*
Chapitre V. — *Historique de l'aérostation militaire.*
Chapitre VI. — *Etat de la question dans les diverses armées.* — France. — Allemagne. — Angleterre. — Autriche-Hongrie. — Belgique. — Italie. — Russie. — Chine.
Chapitre VII. — *Photographie et tir en ballon.*
Chapitre VIII. — *Rôle des ballons à la guerre.*
Chapitre IX. — *Conditions à remplir par les ballons militaires.*
Chapitre X — *Principes de construction des ballons.*

CINQUIÈME PARTIE

PONTS MILITAIRES

Chapitre Premier. — *Généralités sur les passages des rivières.*
Chapitre II. — *Matériel.*
Chapitre III. — *Conditions à remplir par les ponts militaires.*
Chapitre IV. — *Ponts de bateaux.*
Chapitre V. — *Ponts de radeaux.*
Chapitre VI. — *Ponts de chevalets à quatre pieds.*
Chapitre VII. — *Ponts de chevalets à deux pieds.*
Chapitre VIII. — *Ponts de voitures et ponts de gabions.*
Chapitre IX. — *Ponts de pilotis.*
Chapitre X. — *Ponts sans supports intermédiaires.*
Chapitre XII. — *Passerelles.*
Chapitre XIII. — *Moyens accessoires de franchir les cours d'eau.*
Chapitre XIV. — *Conservation des ponts militaires.*
Chapitre XV. — *Destruction des ponts.*
Chapitre XVI. — *Réparation des ponts.*

SIXIÈME PARTIE

ROUTES MILITAIRES

Chapitre Premier. — *Principes généraux et opérations préliminaires.*
Chapitre II. — *Construction des routes militaires.*
Chapitre III. — *Destruction des routes militaires.*
Chapitre IV. — *Réparation des routes militaires.*

Ouvrage récemment terminé et broché, contenant 40 livraisons 672 figures dans le texte. **Prix : 20 fr.**

Livraison N° 3

Prix : 50 centimes

ENCYCLOPÉDIE THÉORIQUE ET PRATIQUE

DES

CONNAISSANCES CIVILES ET MILITAIRES

(Publiée sous le Patronage de la Réunion des Officiers)

CAUSERIE

A PROPOS

DU DESSIN MILITAIRE

TEXTE ET DESSINS

PAR

A. QUESNAY DE BEAUREPAIRE

OFFICIER DE LA LÉGION D'HONNEUR, ANCIEN CAPITAINE
EX-PROFESSEUR AUXILIAIRE DE TOPOGRAPHIE A L'ÉCOLE SUPÉRIEURE DE GUERRE
MAITRE DE DESSIN A L'ÉCOLE POLYTECHNIQUE

PARIS
GEORGES FANCHON, ÉDITEUR
25, RUE DE GRENELLE, 25

Livraison N° 4 — Prix : 50 centimes

ENCYCLOPÉDIE THÉORIQUE ET PRATIQUE

DES

CONNAISSANCES CIVILES ET MILITAIRES

(Publiée sous le Patronage de la Réunion des Officiers)

CAUSERIE

A PROPOS

DU DESSIN MILITAIRE

TEXTE ET DESSINS

PAR

A. QUESNAY DE BEAUREPAIRE

OFFICIER DE LA LÉGION D'HONNEUR, ANCIEN CAPITAINE
EX-PROFESSEUR AUXILIAIRE DE TOPOGRAPHIE A L'ÉCOLE SUPÉRIEURE DE GUERRE
MAITRE DE DESSIN A L'ÉCOLE POLYTECHNIQUE

PARIS
GEORGES FANCHON, ÉDITEUR
25, RUE DE GRENELLE, 25

Livraison N° 5

Prix : 50 centimes

ENCYCLOPÉDIE THÉORIQUE ET PRATIQUE

DES

CONNAISSANCES CIVILES ET MILITAIRES

(Publiée sous le Patronage de la Réunion des Officiers)

CAUSERIE

A PROPOS

DU DESSIN MILITAIRE

TEXTE ET DESSINS

PAR

A. QUESNAY DE BEAUREPAIRE

OFFICIER DE LA LÉGION D'HONNEUR, ANCIEN CAPITAINE
EX-PROFESSEUR AUXILIAIRE DE TOPOGRAPHIE A L'ÉCOLE SUPÉRIEURE DE GUERRE
MAITRE DE DESSIN A L'ÉCOLE POLYTECHNIQUE

PARIS
GEORGES FANCHON, ÉDITEUR
25, RUE DE GRENELLE, 25

COURS D'ARTILLERIE

(Livre V de la partie militaire de l'Encyclopédie des Connaissances Civiles et Militaires)

Par une réunion d'Officiers d'Artillerie et du Génie

PROGRAMME SOMMAIRE

PREMIÈRE PARTIE

MATÉRIEL

Chapitre Premier. — *Généralités.*
Chapitre II. — *Nomenclature des bouches à feu.*
Chapitre III. — *Espèces de bouches à feu en service en France.*
Chapitre IV. — *Affûts.*
Chapitre V. — *Matériel de campagne.*
Chapitre VI. — *Affûts de siège.*
Chapitre VII. — *Matériel de place.*
Chapitre VIII. — *Matériel de côte et de marine.* — Tableau résumant les données sur le matériel.

DEUXIÈME PARTIE

BALISTIQUE

Chapitre Premier. — *Balistique intérieure.*
Chapitre II. — *Balistique extérieure.*

TROISIÈME PARTIE

BOUCHES A FEU

Chapitre Premier. — *Généralités.*
Chapitre II. — *Organisation de l'âme des bouches à feu.*
Chapitre III. — *Étude des métaux à canon.*
Chapitre IV. — *Du calibre des bouches à feu.*
Chapitre V. — *Du chargement par la culasse.* — Fermeture à coin. — Fermeture à vis. — Fermeture à piston.
Chapitre VI. — *Des obturateurs.*
Chapitre VII. — *Caractères distinctifs des divers modèles de bouches à feu.*
Chapitre VIII. — *Les mitrailleuses.* — Canon à balles. — Mitrailleuses Gattling, d'Albertini, Gardnes, Nordenfelt. — Canon-révolver Hotchkiss. — Rôle tactique des mitrailleuses.
Chapitre IX. — *Coulage des bouches à feu.*
Chapitre X. — *Usinage des bouches à feu.* Cintrage, forage et alésage.

QUATRIÈME PARTIE

POUDRES DE GUERRE

Chapitre Premier. — *Propriétés de la poudre.*
Chapitre II. — *Matières premières employées dans la fabrication de la poudre.*
Chapitre III. — *Fabrication de la poudre.*
Chapitre IV. — *Substances explosives.*

CINQUIÈME PARTIE

PROJECTILES

Chapitre Premier. — *Généralités.*
Chapitre II. — *Les fusées.* — Fusées percutantes, fusantes, mixtes ou à double effet.
Chapitre III. — *Fabrication des projectiles.*

SIXIÈME PARTIE

TIR ET POINTAGE

Chapitre Premier. — *Généralités.*
Chapitre II. — *Pointage :* 1° au moyen de la hausse. — 2° Sans emploi de la hausse. — Pointage sur un but artificiel.
Chapitre III. — *Réglage du tir.*
Chapitre IV. — *Évaluation des distances.*

SEPTIÈME PARTIE

TRACÉ ET CONSTRUCTION DES BATTERIES

Chapitre Premier. — *Généralités.*
Chapitre II. — *Matériaux de construction.*
Chapitre III. — *Profil des batteries.*
Chapitre IV. — *Tracé et emplacement des batteries.*
Chapitre V. — *Organisation intérieure des batteries.* — Embrasures. — Plates-formes. — Magasins et abris. — Revêtement des talus.
Chapitre VI. — *Construction des batteries.*

HUITIÈME PARTIE

SERVICE DE L'ARTILLERIE

Chapitre Premier. — *Service à l'intérieur.*
Chapitre II. — *Service en campagne.*
Chapitre III. — *Service dans un siège.*
Chapitre IV. — *Service dans une place forte.*

NEUVIÈME PARTIE

ARMES PORTATIVES

Chapitre Premier. — *Armes portatives.*
Chapitre II. — *Historique.*
Chapitre III. — *Conditions pour une arme à feu portative.*
Chapitre IV. — *Eléments d'une arme à feu portative.* — Le canon. — Mécanismes.
Chapitre V. — *Armement en France.* — Fusil modèle 1866. — Fusil modèle 1874. — Carabine de cavalerie, modèle 1874. — Mousquetons d'artillerie, modèle 1874. — Fusil modèle 1866-1874. — Fusil Kropatschek à répétition. — Révolver modèle 1873.
Chapitre VI. — *Armement des principales nations européennes.* — Allemagne. — Angleterre. — Autriche. — Belgique. — Danemark. — Espagne. — Grèce. — Hollande. — Italie. — Roumanie. — Russie. — Suisse. — Suède et Norvège.
Chapitre VII. — *Armes à répétitions.* — Divers modes de répétition. — Systèmes Spitlsky, Spencer, Hotchkiss, Chaffee-Reed, Henry-Winchester, Kray, Mauser, Kropatschek, Gasser. — Magasins mobiles ou chargeurs. — Cartouchière de la « Providence Tool Company » — Chargeurs Pormer, Krinka. — Boîte-chargeur Vetterli. — Système Lœve, Lée, Pobbéry. — Chargeur de Puteaux. — Fusil Vetterli-Gras. — Chargeur Werndl. — Transformation Bertoldi. — Fusil Jarmann. — Expériences faites en Allemagne, en Angleterre, en Autriche, en Belgique, en Espagne, en Italie, en Russie (syst. Schulhof), en Suède, en Danemark et en Turquie.
Chapitre VIII. — *Fabrication des armes à feu portatives.*

DIXIÈME PARTIE

ARTILLERIES ÉTRANGÈRES

Allemagne. — Autriche. — Angleterre. — Belgique. — Danemarck. — Espagne. — Hollande. — Italie. — Portugal. — Roumanie. — Russie. — Serbie. — Suède. — Norrège. — Suisse. — Turquie. — Etats-Unis. — Canon multicharge. — Tableau comparatif des diverses artilleries européennes.

SUPPLÉMENT

Matériel d'artillerie. — Bouches à feu. — Poudres de guerre. — Projectiles. — Tir des bouches à feu. — Tracé et construction de batteries. — Services de l'artillerie. — Armes portatives. — Artilleries étrangères. — Grand canon de Bange. — Canon de débarquement. Appareils servant au lancement des projectiles à dynamite.

Ouvrage récemment terminé et broché, contenant 40 livraisons avec 643 figures dans le texte. **Prix : 20 fr.**

COURS DE SCIENCES APPLIQUÉES A L'ART MILITAIRE

(Livre VI de la partie militaire de l'Encyclopédie des Connaissances Civiles et Militaires)

Par une réunion d'Officiers d'Artillerie et du Génie

PROGRAMME SOMMAIRE

PREMIÈRE PARTIE

CHEMINS DE FER

Chapitre Premier. — *Principes de l'établissement des chemins de fer.*
Chapitre II. — *Matériel de construction des voies ferrées.*
Chapitre III. — *La voie.*
Chapitre IV. — *Accessoires de la voie.*
Chapitre V. — *Le matériel roulant.*
Chapitre VI. — *Construction des voies ferrées.*
Chapitre VII. — *Exploitation.*
Chapitre VIII. — *Utilisation militaire des chemins de fer.*
Chapitre IX. — *Destruction des voies ferrées.*
Chapitre X. — *Rétablissement des voies ferrées.*
Chapitre XI. — *Trains blindés pour les reconnaissances militaires.*
Chapitre XII. — *Les locomotives routières.*

DEUXIÈME PARTIE

TÉLÉGRAPHIE

Chapitre Premier. — *Principes de la télégraphie électrique.*
Chapitre II. — *Matériel de la télégraphie électrique.*
Chapitre III. — *Personnel de la télégraphie militaire.*
Chapitre IV. — *Organisation des postes télégraphiques.*
Chapitre V. — *Construction des lignes militaires.*
Chapitre VI. — *Destruction et réparation des lignes télégraphiques.*
Chapitre VII. — *Principes de la télégraphie optique.*
Chapitre VIII. — *Matériel de la télégraphie optique.*
Chapitre IX. — *Télégraphie par signaux isolés.*
Chapitre X. — *Téléphonie.*
Chapitre XI. — *Emploi de la télégraphie militaire dans les guerres les plus récentes.*
Chapitre XII. — *Organisation de la télégraphie militaire dans les armées étrangères.* — Allemagne. — Autriche-Hongrie. — Angleterre. — Italie. — Russie.

TROISIÈME PARTIE

LES PIGEONS VOYAGEURS

Chapitre Premier. — *Propriétés et aptitudes spéciales.*
Chapitre II. — *Coup d'œil historique et faits d'observation.*
Chapitre III. — *Éducation des pigeons.*
Chapitre IV. — Races et reproductions.
Chapitre V. — *Organisation au point de vue militaire.* — Nourriture et soins.
Chapitre VI — *Situation dans les principaux États.*

Chapitre VII. — *Obstacles et mesures de précaution.*

QUATRIÈME PARTIE

AÉROSTATION MILITAIRE

Chapitre Premier. — Notions générales.
Chapitre II. — *Historique.*
Chapitre III. — *Ascensions scientifiques.*
Chapitre IV. — *Direction des ballons.*
Chapitre V. — *Historique de l'aérostation militaire.*
Chapitre VI. — *État de la question dans les diverses armées.* — France. — Allemagne. — Angleterre. — Autriche-Hongrie. — Belgique. — Italie. — Russie. — Chine.
Chapitre VII. — *Photographie et tir en ballon.*
Chapitre VIII. — *Rôle des ballons à la guerre.*
Chapitre IX. — *Conditions à remplir par les ballons militaires.*
Chapitre X. — *Principes de construction des ballons.*

CINQUIÈME PARTIE

PONTS MILITAIRES

Chapitre Premier. — *Généralités sur les passages des rivières.*
Chapitre II. — *Matériel.*
Chapitre III. — *Conditions à remplir par les ponts militaires.*
Chapitre IV. — *Ponts de bateaux.*
Chapitre V. — *Ponts de radeaux.*
Chapitre VI. — *Ponts de chevalets à quatre pieds.*
Chapitre VII. — *Ponts de chevalets à deux pieds.*
Chapitre VIII. — *Ponts de voitures et ponts de gabions.*
Chapitre IX. — *Ponts de pilotis.*
Chapitre X. — *Ponts sans supports intermédiaires.*
Chapitre XII. — *Passerelles.*
Chapitre XIII. — *Moyens accessoires de franchir les cours d'eau.*
Chapitre XIV. — *Conservation des ponts militaires.*
Chapitre XV. — *Destruction des ponts.*
Chapitre XVI. — *Réparation des ponts.*

SIXIÈME PARTIE

ROUTES MILITAIRES

Chapitre Premier. — *Principes généraux et opérations préliminaires.*
Chapitre II. — *Construction des routes militaires.*
Chapitre III. — *Destruction des routes militaires.*
Chapitre IV. — *Réparation des routes militaires.*

Ouvrage récemment terminé et broché, contenant 40 livraisons 672 figures dans le texte. **Prix : 20 fr.**

COURS DE
GÉOGRAPHIE COLONIALE

Publié sous la direction de J. B. CHAIRGRASSE, Officier d'académie, ingénieur civil, Membre de plusieurs Sociétés savantes, avec le concours de Géographes spéciaux d'Explorateurs divers, d'Ingénieurs hydrographes et d'officiers de toutes armes

Les questions coloniales étant actuellement à l'ordre du jour, non seulement en France, mais dans toute l'Europe, les Editeurs ont la conviction qu'en publiant une **Nouvelle Géographie Coloniale** complète, comprenant l'*Algérie*, la *Tunisie* et toutes les *Colonies françaises*, ils combleront une véritable lacune.

Cet ouvrage est spécialement destiné à MM. les Officiers, sous-officiers et soldats aspirant à l'épaulette, tous pouvant être appelés à servir dans les colonies.

La Géographie de l'Algérie, de la Tunisie et de chaque Colonie est l'objet des paragraphes suivants : I. — Histoire sommaire. — II. — Géographie physique. — III. — Voies de communication (routes, chemins, rivières navigables, canaux, chemins de fer, ports, etc., etc.). — IV. — Administration (gouvernement local, justice, cultes, instruction publique, armée, marine, impôts, population, races, mœurs indigènes, villes principales, etc.). — V. — Agriculture et forêts (concession des terres domaniales, immigration, flore, faune). — VI. — Mines diverses. — VII. — Industrie (plantes industrielles, main d'œuvre indigène et européenne, etc.). — VIII. — Commerce (importation et exportation). — IX. — Communications avec la France.

GRANDES DIVISIONS DE L'OUVRAGE

ALGÉRIE. — TUNISIE

I. Colonies et protectorats de l'Océan Indien

I. — La Réunion.
II. — Mayotte.
III. — Les Comores.
IV. — Nossi-Bé.
V. — Diégo-Suarez.
VI. — Ste-Marie de Madagascar.
VII. — Madagascar.
VIII. — Etablissements français dans l'Inde.

II. — Colonies d'Amérique

IX. — La Martinique.
X. — La Guadeloupe et ses dépendances.
XI. — Saint-Pierre et Miquelon.
XII. — La Guyane.

III. — Colonies et protectorats de l'Indo Chine

XIII. — La Cochinchine.
XIV. — Le Cambodge.
XV. — L'Annam.
XVI. — Le Tonkin.

IV. — Colonies et protectorats de l'Océan Pacifique

XVII. — La Nouvelle-Calédonie.
XVIII. — Tahiti.
XIX. — Les Iles sous le vent.
XX. — Vallis.
XXI. — Futuna.
XXII. — Kerguelen.
XXIII. — Les Nouvelles-Hébrides.

V. — Colonies d'Afrique

XXIV. — Le Sénégal.
XXV. — Le Soudan français.
XXVI. — Le Gabon-Congo.
XXVII. — La Guinée.
XXVIII. — Obock.

Cet ouvrage contient de nombreuses figures et 8 cartes coloriées hors texte. **Prix broché : 7 fr. 50**

TRAITÉ DE TOPOGRAPHIE

Livre Ier de la partie militaire de l'Encyclopédie des Connaissances Civiles et Militaires

Par F. GAUMET, Capitaine adjudant-major au 27e régiment territorial d'infanterie, ancien élève de l'école de Saint-Cyr et de l'école supérieure de guerre, Vice-Président de la Société de Topographie de France, Officier d'Académie.

PROGRAMME SOMMAIRE

Chapitre Premier. — *Notions générales.*

Chapitre II. — *Désignation et représentation des objets à la surface du sol.*

Chapitre III. — *Figuré du terrain.* — *Etude détaillée des mouvements du sol.*

Chapitre IV. — *Copie des cartes.* — Copie manuscrite des cartes. — Amplification et réduction d'une carte. — Copie mécanique des cartes. — Pantographe Gavard. — Pantographe en caoutchouc. — Héliogravure. — Photolithographie. — Chromolithographie. — Reproduction des cartes à l'aide du papier au cyanoferrure de potassium et au moyen du papier sensible. — Application de la photographie microscopique. — Chromographe, hectographe, polyantographe. — Procédés de la schmittotypie et de l'autocopiste noir.

Chapitre V. — *Lecture et emploi des cartes.* — Emploi de la carte sur le terrain, dans le service des avant-postes, dans le service des marches, pendant le combat et pour préparer le stationnement des troupes.

Chapitre VI. — *Cartographie.* — I. Carte de France au 1/80000. — II. Exécution de la carte de France. — III. Nouvelles cartes de France au 1/50000 et au 1/200000. — IV. Nomenclature des principales cartes militaires françaises. — Cartes obtenues par la réduction de la carte de France au 1/80000. — Cartes de l'Algérie. — V. Principales cartes étrangères. — Allemagne. — Système du général de Müffling. — Système Lehmann. — Troisième système. — Cartes prussiennes. — Bavière. — Bade. — Wurtemberg. — Saxe. — Hanovre Hesse électorale. — Cartes chorographiques allemandes. — Différents signes et abréviations usités sur les cartes allemandes. — Angleterre. — Autriche-Hongrie. — Belgique. — Danemarck. — Espagne. — Grèce. — Hollande. — Italie. — Portugal. — Roumanie. — Russie. — Suède. — Suisse. — Turquie.

DEUXIÈME PARTIE

EXÉCUTION D'UN LEVÉ REGULIER

Chapitre Premier. — Planimétrie.

Chapitre II. — *Instruments propres à la mesure des distances.* — I. Règles métriques. — II. Chaîne d'arpenteur. — III. Les stadias. Stadia à fils invariables. — Stadia à fils variables. Stadia à réticule mobile. — Emploi de la stadia sur le terrain. — Table de réduction à l'horizon.

Chapitre III. — *Instruments propres à la mesure des angles.* — I. Graphomètre. — II Pantomètre. — III. Sextant. — IV. Boussole. — V. Rapporteur. — VI. Planchette et alidade. — VII. Déclinatoire. — Equerres diverses. — Equerre à miroirs. — Anneau-équerre.

Chapitre IV. — *Ensemble des opérations de la planimétrie.* — I. Canevas trigonométrique. — II. Canevas graphique. — III. Exécution d'un levé de détail. — Méthode de cheminement, de rayonnement et d'alignements. — Levé de détail avec la planchette et le déclinatoire. — Levé au moyen de la boussole. — Méthode des ordonnées. — Levés d'une route, d'une ville.

Chapitre V. — *Nivellement.* — I. Instruments de nivellement. — Nivellement direct et indirect. — Niveau d'eau. — Mires. — — Nivellement simple et composé. — Vérification du niveau d'eau. — Niveau à perpendicule, de maçon, topographique, pratique, Burel, à collimateur, à bulle d'air. — Emploi du niveau à bulle d'air. — Niveau d'Egault. — Niveau à plateau. — Niveau de Chézy. — II. Nivellement topographique. — Eclimètre. — Eclimètre nouveau modèle, etc. — Opérations du nivellement. — Méthode des profils parallèles.

Chapitre VI. — *Exécution d'un levé par la méthode des polygones et traverses.* — Levé des polygones principaux, secondaires et des traverses. — Nivellement dans la méthode des polygones et des traverses. — Appareil de topographie automatique. — Théorie de l'autoréduction. — Mode d'emploi de l'alilade autoréductrice.

TROISIÈME PARTIE

RECONNAISSANCES

Chapitre Premier. — *Topographie de reconnaissances.* — Reconnaissances militaires. — Levés de reconnaissance. — Classification des levés. — Instruments et moyens employés. — Evaluation des distances d'après le temps mis à les parcourir. — Mesure des distances par le son. — Estimation des distances à vue. — Télémètre Goulier. — Télémètre Gaumet. — Compas télémétrique. — Télémètre Le Boulangé. — Compteur Rédier. Podomètres. — Stadias. — Lunettes à micromètre. — Instruments à réflexion. — Sextant de poche. — Anneau-équerre. — Boussole Hossard, Peigné, Burnier. — Boussole à réflexion. — Boussole-Eclimètre Trinquier. — Instruments goniographiques. — Planchette et alidade simplifiées. — Déclinatoire et boussole-breloque. — Alidade nivelatrice. — Niveau à perpendicule. — Clisimètre Burnier. — Construction de l'échelle de pente. — Rapporteur éclimètre. — Niveau Burel. — Réglette topographique et son emploi.

Chapitre II. — *Exécution des levés irréguliers.* — Levés expédiés avec instruments. — Planimétrie. — Canevas. — Canevas à la boussole, avec le sextant ou avec la réglette topographique. — Levé des détails. — Nivellement. — Levés à vue. — Levés à vue sans instruments. — Illusions d'optique. — Croquis topographiques. — Correction des cartes. — Levés de mémoire. — Levés par renseignements. — Itinéraires. — Dessin des levés de reconnaissance. — Rédaction des mémoires.

Ouvrage récemment terminé et broché, contenant 27 livraisons avec 698 figures dans le texte. **Prix : 13 fr. 50**

Saint-Amand (Cher). — Imprimerie *Scientifique* et *Littéraire*, BUSSIÈRE FRÈRES.

Saint-Amand (Cher). — Imprimerie *Scientifique* et *Littéraire*, BUSSIÈRE FRÈRES.

Saint-Amand (Cher). — Imprimerie *Scientifique* et *Littéraire*, BUSSIÈRE FRÈRES.

Saint-Amand (Cher). — Imprimerie *Scientifique* et *Littéraire*, BUSSIÈRE FRÈRES.

Livraison N° 6 — Prix : 50 centimes

ENCYCLOPÉDIE THÉORIQUE ET PRATIQUE

DES

CONNAISSANCES CIVILES ET MILITAIRES

(Publiée sous le Patronage de la Réunion des Officiers)

CAUSERIE

A PROPOS

DU DESSIN MILITAIRE

TEXTE ET DESSINS

PAR

A. QUESNAY DE BEAUREPAIRE

OFFICIER DE LA LÉGION D'HONNEUR, ANCIEN CAPITAINE
EX-PROFESSEUR AUXILIAIRE DE TOPOGRAPHIE A L'ÉCOLE SUPÉRIEURE DE GUERRE
MAITRE DE DESSIN A L'ÉCOLE POLYTECHNIQUE

PARIS
GEORGES FANCHON, ÉDITEUR
25, RUE DE GRENELLE, 25

COURS DE
GÉOGRAPHIE COLONIALE

Publié sous la direction de J. B. CHAIRGRASSE, Officier d'Académie, ingénieur civil, Membre de plusieurs Sociétés savantes, avec le concours de Géographes spéciaux d'Explorateurs divers, d'Ingénieurs hydrographes et d'officiers de toutes armes

---

Les questions coloniales étant actuellement à l'ordre du jour, non seulement en France, mais dans toute l'Europe, les Editeurs ont la conviction qu'en publiant une **Nouvelle Géographie Coloniale** complète, comprenant l'*Algérie*, la *Tunisie* et toutes les *Colonies françaises*, ils combleront une véritable lacune.

Cet ouvrage est spécialement destiné à MM. les Officiers, sous-officiers et soldats aspirant à l'épaulette, tous pouvant être appelés à servir dans les colonies.

La Géographie de l'Algérie, de la Tunisie et de chaque Colonie est l'objet des paragraphes suivants : I. — Histoire sommaire. — II. — Géographie physique. — III. — Voies de communication (routes, chemins, rivières navigables, canaux, chemins de fer, ports, etc., etc.). — IV. — Administration (gouvernement local, justice, cultes, instruction publique, armée, marine, impôts, population, races, mœurs indigènes, villes principales, etc.). — V. — Agriculture et forêts (concession des terres domaniales, immigration, flore, faune). — VI. — Mines diverses. — VII. — Industrie (plantes industrielles, main d'œuvre indigène et européenne, etc.). — VIII. — Commerce (importation et exportation). — IX. — Communications avec la France.

GRANDES DIVISIONS DE L'OUVRAGE

ALGÉRIE. — TUNISIE

I. Colonies et protectorats de l'Océan Indien

I. — La Réunion.
II. — Mayotte.
III. — Les Comores.
IV. — Nossi-Bé.
V. — Diégo-Suarez.
VI. — Ste-Marie de Madagascar.
VII. — Madagascar.
VIII. — Etablissements français dans l'Inde.

II. — Colonies d'Amérique

IX. — La Martinique.
X. — La Guadeloupe et ses dépendances.
XI. — Saint-Pierre et Miquelon.
XII. — La Guyane.

III. — Colonies et protectorats de l'Indo Chine

XIII. — La Cochinchine.
XIV. — Le Cambodge.
XV. — L'Annam.
XVI. — Le Tonkin.

IV. — Colonies et protectorats de l'Océan Pacifique

XVII. — La Nouvelle-Calédonie.
XVIII. — Tahiti.
XIX. — Les Iles sous le vent.
XX. — Vallis.
XXI. — Futuna.
XXII. — Kerguelen.
XXIII. — Les Nouvelles-Hébrides.

V. — Colonies d'Afrique

XXIV. — Le Sénégal.
XXV. — Le Soudan français.
XXVI. — Le Gabon-Congo.
XXVII. — La Guinée.
XXVIII. — Obock.

Cet ouvrage contient de nombreuses figures et 8 cartes coloriées hors texte. **Prix broché : 7 fr. 50**

TRAITÉ DE TOPOGRAPHIE

Livre Ier de la partie militaire de l'Encyclopédie des Connaissances Civiles et Militaires

Par **F. GAUMET**, Capitaine adjudant-major au 27e régiment territorial d'infanterie, ancien élève de l'école de Saint-Cyr et de l'école supérieure de guerre, Vice-Président de la Société de Topographie de France, Officier d'Académie.

PROGRAMME SOMMAIRE

Chapitre Premier. — *Notions générales.*
Chapitre II. — *Désignation et représentation des objets à la surface du sol.*
Chapitre III. — *Figuré du terrain. — Etude détaillée des mouvements du sol.*
Chapitre IV. — *Copie des cartes.* — Copie manuscrite des cartes. — Amplification et réduction d'une carte. — Copie mécanique des cartes. — Paniographe Gavard. — Pantographe en caoutchouc. — Héliogravure. — Photolithographie. — Chromolithographie. — Reproduction des cartes à l'aide du papier au cyanoferrure de potassium et au moyen du papier sensible. — Application de la photographie microscopique. — Chromographe, hectographe, polyautographe. — Procédés de la schmittotypie et de l'autocopiste noir.
Chapitre V. — *Lecture et emploi des cartes.* — Emploi de la carte sur le terrain, dans le service des avant-postes, dans le service des marches, pendant le combat et pour préparer le stationnement des troupes.
Chapitre VI. — *Cartographie.* — I. Carte de France au 1/80000. — II. Exécution de la carte de France. — III. Nouvelles cartes de France au 1/50000 et au 1/200000. — IV. Nomenclature des principales cartes militaires françaises. — Cartes obtenues par la réduction de la carte de France au 1/80000. — Cartes de l'Algérie. — V. Principales cartes étrangères. — Allemagne. — Système du général de Müffling. — Système Lehmann. — Troisième système. — Cartes prussiennes. — Bavière. — Bade. — Wurtemberg. — Saxe. — Hanovre Hesse électorale. — Cartes chorographiques allemandes. — Différents signes et abréviations usités sur les cartes allemandes. — Angleterre. — Autriche-Hongrie. — Belgique. — Danemarck. — Espagne. — Grèce. — Hollande. — Italie. — Portugal. — Roumanie. — Russie. — Suède. — Suisse. — Turquie.

DEUXIÈME PARTIE

EXÉCUTION D'UN LEVÉ RÉGULIER

Chapitre Premier. — Planimétrie.
Chapitre II. — *Instruments propres à la mesure des distances.* — I. Règles métriques. — II. Chaîne d'arpenteur. — III. Les stadias. Stadia à fils invariables. — Stadia à fils variables. Stadia à réticule mobile. — Emploi de la stadia sur le terrain. — Table de réduction à l'horizon.
Chapitre III. — *Instruments propres à la mesure des angles.* — I. Graphomètre. — II. Pantomètre. — III. Sextant. — IV. Boussole. — V. Rapporteur. — VI. Planchette et alidade. — VII. Déclinatoire. — Equerres diverses. — Equerre à miroirs. — Anneau-équerre.
Chapitre IV. — *Ensemble des opérations de la planimétrie.* — I. Canevas trigonométrique. — II. Canevas graphique. — III. Exécution d'un levé de détail. — Méthode de cheminement, de rayonnement et d'alignements. — Levé de détail avec la planchette et le déclinatoire. — Levé au moyen de la boussole. — Méthode des ordonnées. — Levés d'une route, d'une ville.
Chapitre V. — *Nivellement.* — I. Instruments de nivellement. — Nivellement direct et indirect. — Niveau d'eau. — Mires. — Nivellement simple et composé. — Vérification du niveau d'eau. — Niveau à perpendicule, de maçon, topographique, pratique, Burel, à collimateur, à bulle d'air. — Emploi du niveau à bulle d'air. — Niveau d'Egault. — Niveau à plateau. — Niveau de Chézy. — II. Nivellement topographique. — Eclimètre. — Eclimètre nouveau modèle, etc. — Opérations du nivellement. — Méthode des profils parallèles.
Chapitre VI. — *Exécution d'un levé par la méthode des polygones et traverses.* — Levé des polygones principaux, secondaires et des traverses. — Nivellement dans la méthode des polygones et des traverses. — Appareil de topographie automatique. — Théorie de l'autoréduction. — Mode d'emploi de l'alidade autoréductrice.

TROISIÈME PARTIE

RECONNAISSANCES

Chapitre Premier. — *Topographie de reconnaissances.* — Reconnaissances militaires. — Levés de reconnaissance. — Classification des levés. — Instruments et moyens employés. — Evaluation des distances d'après le temps mis à les parcourir. — Mesure des distances par le son. — Estimation des distances à vue. — Télémètre Goulier. — Télémètre Gaumet. — Compas télémétrique. — Télémètre Le Boulangé. — Compteur Rédier. Podomètres. — Stadias. — Lunettes à micromètre. — Instruments à réflexion. — Sextant de poche. — Anneau-équerre. — Boussole Hossard, Peigné, Burnier. — Boussole à réflexion. — Boussole-Eclimètre Trinquier. — Instruments goniographiques. — Planchette et alidade simplifiées. — Déclinatoire et boussole-breloque. — Alidade nivelatrice. — Niveau à perpendicule. — Clisimètre Burnier. — Construction de l'échelle de pente. — Rapporteur éclimètre. — Niveau Burel. — Réglette topographique et son emploi.
Chapitre II. — *Exécution des levés irréguliers.* — Levés expédiés avec instruments. — Planimétrie. — Canevas. — Canevas à la boussole, avec le sextant ou avec la réglette topographique. — Levé des détails. — Nivellement. — Levés à vue. — Levés à vue sans instruments. — Illusions d'optique. — Croquis topographiques. — Correction des cartes. — Levés de mémoire. — Levés par renseignements. — Itinéraires. — Dessin des levés de reconnaissance. — Rédaction des mémoires.

Ouvrage récemment terminé et broché, contenant 27 livraisons avec 698 figures dans le texte. **Prix : 13 fr. 50**

Saint-Amand (Cher). — Imprimerie *Scientifique* et *Littéraire*, BUSSIÈRE FRÈRES.

Livraison N° 7

Prix : 50 centimes

ENCYCLOPÉDIE THÉORIQUE ET PRATIQUE

DES

CONNAISSANCES CIVILES ET MILITAIRES

(Publiée sous le Patronage de la Réunion des Officiers)

CAUSERIE

A PROPOS

DU DESSIN MILITAIRE

TEXTE ET DESSINS

PAR

A. QUESNAY DE BEAUREPAIRE

OFFICIER DE LA LÉGION D'HONNEUR, ANCIEN CAPITAINE
EX-PROFESSEUR AUXILIAIRE DE TOPOGRAPHIE A L'ÉCOLE SUPÉRIEURE DE GUERRE
MAITRE DE DESSIN A L'ÉCOLE POLYTECHNIQUE

PARIS
GEORGES FANCHON, ÉDITEUR
25, RUE DE GRENELLE, 25

Saint-Amand (Cher). — Imprimerie *Scientifique* et *Littéraire*, BUSSIÈRE FRÈRES.

COURS DE
GÉOGRAPHIE COLONIALE

Publié sous la direction de J. B. CHAIRGRASSE, Officier d'académie, ingénieur civil, Membre de plusieurs Sociétés savantes, avec le concours de Géographes spéciaux d'Explorateurs divers, d'Ingénieurs hydrographes et d'officiers de toutes armes

Les questions coloniales étant actuellement à l'ordre du jour, non seulement en France, mais dans toute l'Europe, les Editeurs ont la conviction qu'en publiant une **Nouvelle Géographie Coloniale** complète, comprenant l'*Algérie*, la *Tunisie* et toutes les *Colonies françaises*, ils combleront une véritable lacune.

Cet ouvrage est spécialement destiné à MM. les Officiers, sous-officiers et soldats aspirant à l'épaulette, tous pouvant être appelés à servir dans les colonies.

La Géographie de l'Algérie, de la Tunisie et de chaque Colonie est l'objet des paragraphes suivants : I. — Histoire sommaire. — II. — Géographie physique. — III. — Voies de communication (routes, chemins, rivières navigables, canaux, chemins de fer, ports, etc., etc.). — IV. — Administration (gouvernement local, justice, cultes, instruction publique, armée, marine, impôts, population, races, mœurs indigènes, villes principales, etc.). — V. — Agriculture et forêts (concession des terres domaniales, immigration, flore, faune). — VI. — Mines diverses. — VII. — Industrie (plantes industrielles, main d'œuvre indigène et européenne, etc.). — VIII. — Commerce (importation et exportation). — IX. — Communications avec la France.

GRANDES DIVISIONS DE L'OUVRAGE

ALGÉRIE. — TUNISIE

I. Colonies et protectorats de l'Océan Indien

I. — La Réunion.	VI. — Ste-Marie de Madagascar.
II. — Mayotte.	VII. — Madagascar.
III. — Les Comores.	VIII. — Etablissements français dans l'Inde.
IV. — Nossi-Bé.	
V. — Diégo-Suarez.	

II. — Colonies d'Amérique

IX. — La Martinique.	XI. — Saint-Pierre et Miquelon.
X. — La Guadeloupe et ses dépendances.	XII. — La Guyane.

III. — Colonies et protectorats de l'Indo Chine

XIII. — La Cochinchine.	XV. — L'Annam.
XIV. — Le Cambodge.	XVI. — Le Tonkin.

IV. — Colonies et protectorats de l'Océan Pacifique

XVII. — La Nouvelle-Calédonie.	XXI. — Futuna.
XVIII. — Tahiti.	XXII. — Kerguelen.
XIX. — Les Iles sous le vent.	XXIII. — Les Nouvelles-Hébrides.
XX. — Vallis.	

V. — Colonies d'Afrique

XXIV. — Le Sénégal.	XXVII. — La Guinée.
XXV. — Le Soudan français.	XXVIII. — Obock.
XXVI. — Le Gabon-Congo.	

Cet ouvrage contient de nombreuses figures et 8 cartes coloriées hors texte. **Prix broché : 7 fr. 50**

TRAITÉ DE TOPOGRAPHIE

Livre 1er de la partie militaire de l'Encyclopédie des Connaissances Civiles et Militaires

Par F. GAUMET, Capitaine adjudant-major au 27e régiment territorial d'infanterie, ancien élève de l'école de Saint-Cyr et de l'école supérieure de guerre, Vice-Président de la Société de Topographie de France, Officier d'Académie.

PROGRAMME SOMMAIRE

Chapitre Premier. — *Notions générales.*

Chapitre II. — *Désignation et représentation des objets à la surface du sol.*

Chapitre III. — *Figuré du terrain.* — *Etude détaillée des mouvements du sol.*

Chapitre IV. — *Copie des cartes.* — Copie manuscrite des cartes. — Amplification et réduction d'une carte. — Copie mécanique des cartes. — Pantographe Gavard. — Pantographe en caoutchouc. — Héliogravure. — Photolithographie. — Chromolithographie. — Reproduction des cartes à l'aide du papier au cyanoferrure de potassium et au moyen du papier sensible. — Application de la photographie microscopique. — Chromographe, hectographe, polyantographe. — Procédés de la schmittotypie et de l'autocopiste noir.

Chapitre V. — *Lecture et emploi des cartes.* — Emploi de la carte sur le terrain, dans le service des avant-postes, dans le service des marches, pendant le combat et pour préparer le stationnement des troupes.

Chapitre VI. — *Cartographie.* — I. Carte de France au 1/80000. — II. Exécution de la carte de France. — III. Nouvelles cartes de France au 1/50000 et au 1/200000. — IV. Nomenclature des principales cartes militaires françaises. — Cartes obtenues par la réduction de la carte de France au 1/80000. — Cartes de l'Algérie. — V. Principales cartes étrangères. — Allemagne. — Système du général de Muffling. — Système Lehmann. — Troisième système. — Cartes prussiennes. — Bavière. — Bade. — Wurtemberg. — Saxe. — Hanovre Hesse électorale. — Cartes chorographiques allemandes. — Différents signes et abréviations usités sur les cartes allemandes. — Angleterre. — Autriche-Hongrie. — Belgique. — Danemarck. — Espagne. — Grèce. — Hollande. — Italie. — Portugal. — Roumanie. — Russie. — Suède. — Suisse. — Turquie.

DEUXIÈME PARTIE

EXÉCUTION D'UN LEVÉ REGULIER

Chapitre Premier. — Planimétrie.

Chapitre II. — *Instruments propres à la mesure des distances.* — I. Règles métriques. — II. Chaine d'arpenteur. — III. Les stadias. Stadia à fils invariables. — Stadia à fils variables. Stadia à réticule mobile. — Emploi de la stadia sur le terrain. — Table de réduction à l'horizon.

Chapitre III. — *Instruments propres à la mesure des angles.* — I. Graphomètre. — II Pantomètre. — III. Sextant. — IV. Boussole. — V. Rapporteur. — VI. Planchette et alidade. — VII. Déclinatoire. — Equerres diverses. — Equerre à miroirs. — Anneau-équerre.

Chapitre IV. — *Ensemble des opérations de la planimétrie.* — I. Canevas trigonométrique. — II. Canevas graphique. — III. Exécution d'un levé de détail. — Méthode de cheminement, de rayonnement et d'alignements. — Levé de détail avec la planchette et le déclinatoire. — Levé au moyen de la boussole. — Méthode des ordonnées. — Levés d'une route, d'une ville.

Chapitre V. — *Nivellement.* — I. Instruments de nivellement. — Nivellement direct et indirect. — Niveau d'eau. — Mires. — Nivellement simple et composé. — Vérification du niveau d'eau. — Niveau à perpendicule, de maçon, topographique, pratique, Burel, à collimateur, à bulle d'air. — Emploi du niveau à bulle d'air. — Niveau d'Egault. — Niveau à plateau. — Niveau de Chézy. — II. Nivellement topographique. — Eclimètre. — Eclimètre nouveau modèle, etc. — Opérations du nivellement. — Méthode des profils parallèles.

Chapitre VI. — *Exécution d'un levé par la méthode des polygones et traverses.* — Levé des polygones principaux, secondaires et des traverses. — Nivellement dans la méthode des polygones et des traverses. — Appareil de topographie automatique. — Théorie de l'autoréduction. — Mode d'emploi de l'alidade autoréductrice.

TROISIÈME PARTIE

RECONNAISSANCES

Chapitre Premier. — *Topographie de reconnaissances.* — Reconnaissances militaires. — Levés de reconnaissance. — Classification des levés. — Instruments et moyens employés. — Evaluation des distances d'après le temps mis à les parcourir. — Mesure des distances par le son. — Estimation des distances à vue. — Télémètre Goulier. — Télémètre Gaumet. — Compas télémétrique. — Télémètre Le Boulangé. — Compteur Rédier. Podomètres. — Stadias. — Lunettes à micromètre. — Instruments à réflexion. — Sextant de poche. — Anneau-équerre. — Boussole Hossard, Peigné, Burnier. — Boussole à réflexion. — Boussole-Eclimètre Trinquier. — Instruments goniographiques. — Planchette et alidade simplifiées. — Déclinatoire et boussole-breloque. — Alidade nivelatrice. — Niveau à perpendicule. — Clisimètre Burnier. — Construction de l'échelle de pente. — Rapporteur éclimètre. — Niveau Burel. — Réglette topographique et son emploi.

Chapitre II. — *Exécution des levés irréguliers.* — Levés expédiés avec instruments. — Planimétrie. — Canevas. — Canevas à la boussole, avec le sextant ou avec la réglette topographique. — Levé des détails. — Nivellement. — Levés à vue. — Levés à vue sans instruments. — Illusions d'optique. — Croquis topographiques. — Correction des cartes. — Levés de mémoire. — Levés par renseignements. — Itinéraires. — Dessin des levés de reconnaissance. — Rédaction des mémoires.

Ouvrage récemment terminé et broché, contenant 27 livraisons avec 698 figures dans le texte. **Prix : 13 fr. 50**

Saint-Amand (Cher). — Imprimerie *Scientifique* et *Littéraire*, BUSSIÈRE FRÈRES.

COURS DE GÉOGRAPHIE COLONIALE

Publié sous la direction de J. B. CHAIRGRASSE, Officier d'académie, ingénieur civil, Membre de plusieurs Sociétés savantes, avec le concours de Géographes spéciaux d'Explorateurs divers, d'Ingénieurs hydrographes et d'officiers de toutes armes

Les questions coloniales étant actuellement à l'ordre du jour, non seulement en France, mais dans toute l'Europe, les Editeurs ont la conviction qu'en publiant une **Nouvelle Géographie Coloniale** complète, comprenant l'*Algérie*, la *Tunisie* et toutes les *Colonies françaises*, ils combleront une véritable lacune.

Cet ouvrage est spécialement destiné à MM. les Officiers, sous-officiers et soldats aspirant à l'épaulette, tous pouvant être appelés à servir dans les colonies.

La Géographie de l'Algérie, de la Tunisie et de chaque Colonie est l'objet des paragraphes suivants : I. — Histoire sommaire. — II. — Géographie physique. — III. — Voies de communication (routes, chemins, rivières navigables, canaux, chemins de fer, ports, etc., etc.). — IV. — Administration (gouvernement local, justice, cultes, instruction publique, armée, marine, impôts, population, races, mœurs indigènes, villes principales, etc.). — V. — Agriculture et forêts (concession des terres domaniales, immigration, flore, faune). — VI. — Mines diverses. — VII. — Industrie (plantes industrielles, main d'œuvre indigène et européenne, etc.). — VIII. — Commerce (importation et exportation). — IX. — Communications avec la France.

GRANDES DIVISIONS DE L'OUVRAGE

ALGÉRIE. — TUNISIE

I. Colonies et protectorats de l'Océan Indien

I. — La Réunion.
II. — Mayotte.
III. — Les Comores.
IV. — Nossi-Bé.
V. — Diégo-Suarez.
VI. — Ste-Marie de Madagascar.
VII. — Madagascar.
VIII. — Etablissements français dans l'Inde.

II. — Colonies d'Amérique

IX. — La Martinique.
X. — La Guadeloupe et ses dépendances.
XI. — Saint-Pierre et Miquelon.
XII. — La Guyane.

III. — Colonies et protectorats de l'Indo Chine

XIII. — La Cochinchine.
XIV. — Le Cambodge.
XV. — L'Annam.
XVI. — Le Tonkin.

IV. — Colonies et protectorats de l'Océan Pacifique

XVII. — La Nouvelle-Calédonie.
XVIII. — Tahiti.
XIX. — Les Iles sous le vent.
XX. — Vallis.
XXI. — Futuna.
XXII. — Kerguelen.
XXIII. — Les Nouvelles-Hébrides.

V. — Colonies d'Afrique

XXIV. — Le Sénégal.
XXV. — Le Soudan français.
XXVI. — Le Gabon-Congo.
XXVII. — La Guinée.
XXVIII. — Obock.

Cet ouvrage contient de nombreuses figures et 8 cartes coloriées hors texte. **Prix broché : 7 fr. 50**

TRAITÉ DE TOPOGRAPHIE

Livre 1er de la partie militaire de l'Encyclopédie des Connaissances Civiles et Militaires

Par F. GAUMET, Capitaine adjudant-major au 27e régiment territorial d'infanterie, ancien élève de l'école de Saint-Cyr et de l'école supérieure de guerre, Vice-Président de la Société de Topographie de France, Officier d'Académie.

PROGRAMME SOMMAIRE

Chapitre Premier. — *Notions générales.*

Chapitre II. — *Désignation et représentation des objets à la surface du sol.*

Chapitre III. — *Figuré du terrain.* — *Etude détaillée des mouvements du sol.*

Chapitre IV. — *Copie des cartes.* — Copie manuscrite des cartes. — Amplification et réduction d'une carte. — Copie mécanique des cartes. — Pantographe Gavard. — Pantographe en caoutchouc. — Héliogravure. — Photolithographie. — Chromolithographie. — Reproduction des cartes à l'aide du papier au cyanoferrure de potassium et au moyen du papier sensible. — Application de la photographie microscopique. — Chromographe, hectographe, polyantographe. — Procédés de la schmittotypie et de l'autocopiste noir.

Chapitre V. — *Lecture et emploi des cartes.* — Emploi de la carte sur le terrain, dans le service des avant-postes, dans le service des marches, pendant le combat et pour préparer le stationnement des troupes.

Chapitre VI. — *Cartographie.* — I. Carte de France au 1/80000. — II. Exécution de la carte de France. — III. Nouvelles cartes de France au 1/50000 et au 1/200000. — IV. Nomenclature des principales cartes militaires françaises. — Cartes obtenues par la réduction de la carte de France au 1/80000. — Cartes de l'Algérie. — V. Principales cartes étrangères. — Allemagne. — Système du général de Müffling. — Système Lehmann. — Troisième système. — Cartes prussiennes. — Bavière. — Bade. — Wurtemberg. — Saxe. — Hanovre Hesse électorale. — Cartes chorographiques allemandes. — Différents signes et abréviations usités sur les cartes allemandes. — Angleterre. — Autriche-Hongrie. — Belgique. — Danemarck. — Espagne. — Grèce. — Hollande. — Italie. — Portugal. — Roumanie. — Russie. — Suède. — Suisse. — Turquie.

DEUXIÈME PARTIE

EXÉCUTION D'UN LEVÉ REGULIER

Chapitre Premier. — Planimétrie.

Chapitre II. — *Instruments propres à la mesure des distances.* — I. Règles métriques. — II. Chaîne d'arpenteur. — III. Les stadias. Stadia à fils invariables. — Stadia à fils variables. Stadia à réticule mobile. — Emploi de la stadia sur le terrain. — Table de réduction à l'horizon.

Chapitre III. — *Instruments propres à la mesure des angles.* — I. Graphomètre. — II Pantomètre. — III. Sextant. — IV. Boussole. — V. Rapporteur. — VI. Planchette et alidade. — VII. Déclinatoire. — Equerres diverses. — Equerre à miroirs. — Anneau-équerre.

Chapitre IV. — *Ensemble des opérations de la planimétrie.* — I. Canevas trigonométrique. — II. Canevas graphique. — III. Exécution d'un levé de détail. — Méthode de cheminement, de rayonnement et d'alignements. — Levé de détail avec la planchette et le déclinatoire. — Levé au moyen de la boussole. — Méthode des ordonnées. — Levés d'une route, d'une ville.

Chapitre V. — *Nivellement.* — I. Instruments de nivellement. — Nivellement direct et indirect. — Niveau d'eau. — Mires. — Nivellement simple et composé. — Vérification du niveau d'eau. — Niveau à perpendicule, de maçon, topographique, pratique, Burel, à collimateur, à bulle d'air. — Emploi du niveau à bulle d'air. — Niveau d'Egault. — Niveau à plateau. — Niveau de Chézy. — II. Nivellement topographique. — Eclimètre. — Eclimètre nouveau modèle, etc. — Opérations du nivellement. — Méthode des profils parallèles.

Chapitre VI. — *Exécution d'un levé par la méthode des polygones et traverses.* — Levé des polygones principaux, secondaires et des traverses. — Nivellement dans la méthode des polygones et des traverses. — Appareil de topographie automatique. — Théorie de l'autoréduction. — Mode d'emploi de l'alidade autoréductrice.

TROISIÈME PARTIE

RECONNAISSANCES

Chapitre Premier. — *Topographie de reconnaissances.* — Reconnaissances militaires. — Levés de reconnaissance. — Classification des levés. — Instruments et moyens employés. — Evaluation des distances d'après le temps mis à les parcourir. — Mesure des distances par le son. — Estimation des distances à vue. — Télémètre Goulier. — Télémètre Gaumet. — Compas télémétrique. — Télémètre Le Boulangé. — Compteur Rédier. Podomètres. — Stadias. — Lunettes à micromètre. — Instruments à réflexion. — Sextant de poche. — Anneau-équerre. — Boussole Hossard, Peigné, Burnier. — Boussole à réflexion. — Boussole-Eclimètre Trinquier. — Instruments goniographiques. — Planchette et alidade simplifiées. — Déclinatoire et boussole-breloque. — Alidade nivelatrice. — Niveau à perpendicule. — Clisimètre Burnier. — Construction de l'échelle de pente. — Rapporteur éclimètre. — Niveau Burel. — Réglette topographique et son emploi.

Chapitre II. — *Exécution des levés irréguliers.* — Levés expédiés avec instruments. — Planimétrie. — Canevas. — Canevas à la boussole, avec le sextant ou avec la réglette topographique. — Levé des détails. — Nivellement. — Levés à vue. — Levés à vue sans instruments. — Illusions d'optique. — Croquis topographiques. — Correction des cartes. — Levés de mémoire. — Levés par renseignements. — Itinéraires. — Dessin des levés de reconnaissance. — Rédaction des mémoires.

Ouvrage récemment terminé et broché, contenant 27 livraisons avec 698 figures dans le texte. **Prix : 13 fr. 50**

LIBRAIRIE CIVILE & MILITAIRE

Ancienne Maison CHAIRGRASSE

GEORGES FANCHON, éditeur, 25, rue de Grenelle, 25, PARIS

ENCYCLOPÉDIE THÉORIQUE & PRATIQUE

DES

Connaissances Civiles et Militaires

RÉDIGÉE PAR UNE SOCIÉTÉ D'OFFICIERS DE TOUTES ARMES
D'INGÉNIEURS, D'ARCHITECTES ET DE PROFESSEURS DISTINGUÉS

PUBLIÉE SOUS LE PATRONAGE DE LA RÉUNION DES OFFICIERS

Cette Encyclopédie, qui est en voie de publication et qui comprend 25 livres indépendants les uns des autres, se divise en deux parties ainsi qu'il suit :

I. — PARTIE CIVILE

LIVRE Ier. — **Cours d'Arithmétique.** — Ouvrage terminé et broché (18 livraisons et 20 figures). Prix . . 9 fr.

LIVRE II. — **Cours d'Algèbre.** — Ouvrage terminé et broché (7 livraisons et 6 figures). Prix . . . 3 fr. 50

LIVRE III. — **Cours de Géométrie théorique et pratique.** — Ouvrage terminé et broché (24 livraisons et 721 figures). Prix. . . . . 12 fr.

LIVRE IV. — **Cours de Géométrie descriptive.** Ouvrage terminé et broché (18 livraisons et 371 fig.). Prix. 9 fr.

LIVRE V. — **Cours de Trigonométrie rectiligne.** — Terminé et broché (18 livraisons et 182 fig.). Prix. 9 fr.

LIVRE VI. — **Cours de Construction.** — Cet ouvrage, qui est lui-même subdivisé en 15 parties indépendantes les unes des autres, est en voie de publication.

1re PARTIE : *Matériaux de construction et leur emploi.* — (Terminé et broché, 42 livraisons, 643 fig.). Prix. 21 fr.

2e PARTIE : *Traité pratique de géodésie.* — (Terminé et broché, comprend 30 livraisons et 694 fig.). Prix. . 15 fr.

3e PARTIE : *Traité des Fondations, mortiers et maçonneries.* (Paru, 45 livraisons, 644 figures). Prix . . . 22 fr. 50

4e PARTIE : 1° *Traité de charpente en bois.* — (Terminé et broché, 34 livraisons et 1063 figures). Prix. . . 17 fr.

2° *Traité de Charpente en fer.* — (Terminé et broché, 52 livraisons et 1620 figures). Prix. . . . . . 26 fr.

3° *Serrurerie, quincaillerie et petite charpenterie en fer* (1721 figures). Prix broché . . . . 30 fr.

5e PARTIE : *Traité de menuiserie.* 2 vol. parus. Prix. 29 fr.

6e PARTIE : *Traité de coupe des pierres.* — (Terminé et broché ; comprend 35 livr. et 791 fig.) Prix . 17 fr. 50

7e PARTIE : *Traité d'architecture* : 1° Histoire de l'architecture. — (Terminé et broché, 32 livraisons et 643 figures). Prix . . . . 16 fr.

2° Architecture pratique. — (Terminé et broché). Prix. 17 fr. 50

3° Types de constructions diverses. 2 vol. brochés ensemble. Prix . . . . 48 fr.

8e PARTIE : *Traité des Ponts* : 1° Ponts en maçonnerie, 2 volumes, 2293 figures, 102 livraisons. Prix . . 51 fr.

2° Ponts en charpente, métalliques et suspendus. 2 volumes, 2500 figures, 102 livraisons. Prix . . . 51 fr.

9e PARTIE : *Routes, rivières et canaux.* 1° *Routes*, paru. Prix . . . . 14 fr.

2° *Rivières*, paru. Prix. . . . . 30 fr.

10e PARTIE : *Chemins de fer.* (En cours). 11e PARTIE : *Ports de mer* (En cours). — 12e PARTIE : *Traité d'hydraulique* (Terminé et broché). 517 fig. avec diagrammes et tables. Prix . . . . 21 fr. 50

13e PARTIE : *Exploitation des mines.* — 14e PARTIE : *Clauses et conditions générales imposées aux entrepreneurs, avec commentaires.*

15e PARTIE : *Traité de couverture et plomberie* (En cours de publication).

LIVRE VII. — **Cours de perspective.** — 1 volume broché (20 livraisons et 339 figures). Prix . . . . 10 fr.

LIVRE VIII. — **Cours de Mécanique.** — (En cours de publication) ; voici les grandes divisions de cet important traité :

1re PARTIE : *Statique* (parue). — 2e PARTIE : *Cinématique* (Réunies en un volume de 35 livraisons avec 686 figures). Prix, broché . . . . 17 fr. 50

3e PARTIE : *Dynamique.* — 4e PARTIE : *Hydraulique* réunies en 1 volume de 32 livraisons. Prix broché. . . 16 fr.

5e PARTIE : *Statique graphique et résistance des matériaux.* 1 vol. broché . . . . 16 fr.

6e PARTIE : *Chaudières à vapeur ; moteurs à vapeur, à gaz, à air comprimé, électriques, animés* (en cours).

LIVRE IX. — **Cours de physique.**
LIVRE X. — **Cours de chimie.**
LIVRE XI. — **Cours d'Astronomie.**
LIVRE XII. — **Cours d'histoire naturelle.**
} en préparation

II. PARTIE MILITAIRE

LIVRE Ier. — **Cours de Topographie et reconnaissances militaires.** — Ouvrage terminé et broché (27 livraisons et 698 fig.). Le plus simple, le plus clair et le plus complet de tous les ouvrages similaires parus à ce jour. Prix . . . . 13 fr. 50

LIVRE II. — **Cours de fortification passagère.** — Ouvrage terminé et broché (11 livraisons et 237 figures). Prix . . . . 5 fr. 50

LIVRE III. — **Cours de Fortification permanente et semi-permanente.** Ouvrage terminé (14 livraisons et 286 figures). Prix . . . . 7 fr.

LIVRE IV. — **Cours d'Attaque et défense des places ou Guerre de siège.** — Ouvrage terminé et broché (31 livraisons et 179 figures). Prix . . . . 15 fr. 50

Le siège de Paris et les principaux sièges de la guerre franco-allemande de 1870-1871 sont l'objet de détails très complets avec plans à l'appui.

LIVRE V. — 1° **Cours d'Artillerie.** — Ouvrage terminé et broché (40 livraisons et 600 figures). Prix . . 20 fr.

Voici les grandes divisions de l'ouvrage :

1re PARTIE : *Matériel de l'artillerie.* — 2e PARTIE : *Notions de balistique.* — 3e PARTIE : *Bouches à feu et leur fabrication.* — 4e PARTIE : *Poudres de guerre et leur fabrication.* — 5e PARTIE : *Projectiles et leur fabrication.* 6e PARTIE : *Tir et pointage des bouches à feu.* — 7e PARTIE : *Tracé et construction des batteries.* — 8e PARTIE : *Service de l'artillerie.* — 9e PARTIE : *Armes portatives.* 10e PARTIE : *Artilleries étrangères.*

2° **La fortification et l'Artillerie dans leur état actuel.** — Ouvrage terminé et broché (16 livraisons et 200 figures). Prix. . . . . 8 fr.

LIVRE VI. — **Cours de Sciences appliquées à l'art militaire.** — Ouvrage terminé et broché (40 livraisons et 672 figures). Prix . . . . 20 fr.

Voici les grandes divisions :

Chemins de fer. — *Télégraphie électrique et optique.* — *Téléphonie.* — *Pigeons voyageurs.* — *Aérostation.* — *Ponts et routes militaires.*

Sciences militaires (supplément au cours de fortification, d'artillerie et de sciences appliquées à l'art militaire). 1 vol. broché (367 pages et 133 fig. Prix . 12 fr.

LIVRE VII. — **Cours de géographie militaire.**

1° La France. — (En cours de publication, un volume paru, comprenant 33 livraisons, 19 cartes coloriées hors texte et nombreuses figures). Prix . . . . . . 16 fr. 50

2° Les Colonies. — (8 cartes coloriées hors texte et nombreux dessins). Terminé et broché. Prix. . . 7 fr. 50

LIVRE VIII. — **Cours d'Art et d'histoire militaire.**

LIVRE IX. — **Cours de Législation et d'administration militaires.**

LIVRE X. — **Cours de Tactiques et manœuvres.** — (Infanterie, cavalerie et artillerie).

LIVRE XI. — **Cours d'Hygiène militaire.**

LIVRE XII. — **Cours d'Hyppologie.**

LIVRE XIII. — **Equitation, escrime, gymnastique, boxe, canne, bâton, natation.**

GRANDE CARTE DE FRANCE

Avec toutes nos colonies au 1/1000000 (1 millimètre par kilomètre)

Comprenant toutes les gares et bureaux de poste. les corps d'armée, et les subdivisions militaires les villes fortifiées, etc.

1° En feuille . . . . 5 fr. 2° Sur toile et pliée. . . . . 9 fr.
3° Montée sur gorge et rouleau et vernie . . . . . 12 fr.

Saint-Amand (Cher). — Imprimerie *Scientifique* et *Littéraire*, BUSSIÈRE FRÈRES.

www.ingramcontent.com/pod-product-compliance
Ingram Content Group UK Ltd.
Pitfield, Milton Keynes, MK11 3LW, UK
UKHW021105290826
14628UKWH00014B/773

9 782013 079457